W0272254

El sendero de la mano izquierda

El jurado del Premio Espiritualidad 2002, convocado por Ediciones Martínez Roca y compuesto por Fernando Díez, Juan Manzanera, Francisco Boström, Isidro Palacios y Pablo Álvarez, acordó conceder el galardón a esta obra.

Fernando Sánchez Dragó

El sendero de la mano izquierda

Un código de conducta

mr · ediciones martínez roca

Primera edición: septiembre de 2002
Segunda impresión: octubre de 2002
Tercera impresión: octubre de 2002
Cuarta impresión: diciembre de 2002
Quinta impresión: diciembre de 2002
Sexta impresión: marzo de 2003
Séptima impresión: mayo de 2007

Diseño de cubierta: Compañía
Fotografía: Nines Mínguez

Todos los derechos reservados. Ninguna parte de esta publicación, incluido el diseño de la cubierta, puede ser reproducida, almacenada o transmitida en manera alguna ni por ningún medio, ya sea eléctrico, químico, mecánico, óptico, de grabación o de fotocopia, sin permiso previo del editor.

© 2002, Fernando Sánchez Dragó
© 2002, 2003, Ediciones Martínez Roca, S.A.
Paseo de Recoletos, 4. 28001 Madrid
www.mrediciones.com
ISBN: 978-84-270-2851-7
Depósito legal: M. 21.962-2007
Fotocomposición: Anglofort, S.A.
Impresión: Brosmac, S.L.

Impreso en España-Printed in Spain

A Martine, veinticinco años después
de que nuestras miradas se cruzasen en La Pizzerie

Se llama, en las tradiciones orientales, *senderos de la mano izquierda* –por contraposición a los de la mano derecha, que son los ortodoxos y reservados al común de los mortales– a todos los gnosticismos y vías de perfección heterodoxos, que proponen la transgresión del discurso de valores dominantes frente a la integración en él. Es el camino de Dioniso, de Shiva y del *tantra*, estrictamente reservado a los héroes, a los guerreros, a los rebeldes, a los herejes...

Los senderos de la mano izquierda y los de la mano derecha persiguen la fusión con el Absoluto –cada cual a su manera– y se juntan en el infinito.

EX ORIENTE LUX

Todo es estrecho en Occidente. Grecia es pequeña, me ahogo. Judea es seca, jadeo. Dejadme mirar un poco hacia la Alta Asia, hacia el profundo Oriente.

JULES MICHELET, *La Biblia de la Humanidad*

ÍNDICE

INTRODUCCIÓN

Para el hombre nietzscheano

Somos –las criaturas humanas– animales sellados, pero permitid que, pese a ello, me presente: fui español, tengo ahora sesenta y cinco años, nací al oeste del Bósforo en un lugar de cuyo nombre ya no quiero acordarme, crecí en Alicante y Soria, me recrié en Japón y en la India, fallecí y renací en Egipto, soy hijo de la lectura y el viaje, mi hoja de ruta es el camino del corazón corregido y aumentado por lo que en Oriente llaman *senderos de la mano izquierda*, mi paraíso es la soledad y mi infierno la sociedad, no acato más ley que la de la conciencia ni reconozco más dios que el *anima mundi*, deploro no haber nacido en el siglo VI antes de Cristo, sé que la existencia es un rito de paso hacia la esencia, estoy más cerca de Dioniso que de Apolo, mi religión es la de Shiva y mi ventura la embriaguez sagrada, resido en un villorrio numantino de diez almas –no pronunciaré su nombre– plantado en el cruce de Comala con Macondo, me repugna el Becerro de Oro (y, por lo tanto, me desagrada Occidente), soy discípulo de Buda y de Lao-tsé, me tengo por escritor oriental y pagano, me estomaga el judeocristianismo y me indigna la destrucción de Eleusis, detesto la historia, venero la naturaleza, prefiero el regreso al progreso (lo que me convierte, a mucha honra, en un *reaccionario*, esto es, en un hombre que *reacciona* ante y frente a la mugre de la modernidad) y soy, de momento, en la tierra un náufrago feliz.

Lo demás, aquí, no importa.

¿Escritor «oriental», dije? He ahí una de las claves de este libro.

Existe, de hecho, en Levante la tradición, que poco a poco va arraigando también en Occidente, de que los escritores (y más aún los filósofos, por pequeños o grandes que sean) trasladen al papel, cuando amaga el otoño de la existencia y deja de ser un horizonte remoto la línea de sombra y de esperanza de la muerte, la sabiduría –mayúscula o minúscula y estrictamente personal, aunque no por ello enteramente intransferible– que el paso, peso y poso de la vida les haya conferido.

Y eso, sólo eso, es lo que con mejor o peor fortuna me dispongo a hacer. El momento ha llegado. Friso en la jubilación, aunque no vaya a jubilarme nunca. Los hindúes, a mi edad, se convierten en *sannyasin*, en peregrinos del *dharma*,[1] en renunciantes. No me queda mucho trecho. Abulta más lo recorrido que lo que aún está, frente a mí, por recorrer. Es hora de rendir cuentas, de devolver (o de intentar devolver) al mundo, con gratitud y con misericordia, con empatía y con simpatía, lo que el mundo me ha enseñado y, por lo tanto, me ha dado. Este libro salda, pues, una deuda –metafóricamente parecida, si salvamos las distancias, a la del Sócrates moribundo con Asclepio– y es o quiere ser, en consecuencia, una especie de testamento provisional.

1. Voz sánscrita que significa *deber, norma, ley, ley interior, vocación.*

Provisional y susceptible, por ello, de sufrir modificaciones (o reafirmaciones) en el futuro, a condición, claro está, de que la vida –lo que me quede de ella– me las sugiera.

Obras así sólo deben escribirse en la vejez, porque lo contrario sería, a todas luces, petulancia, impaciencia y temeridad, pero pueden concebirse mucho antes: en la adolescencia, por ejemplo. Tendría yo, efectivamente, alrededor de catorce o quince años cuando mi madre, lectora empedernida y avisada, puso en mis hipersensibles manos de escritor en agraz un librito que se llamaba como iba a llamarse éste (luego le cambié el título): *Arte de vivir*. Su autor era un novelista francés al que ya admiraba entonces y al que sigo admirando y leyendo ahora: André Maurois. Mi madre, con su infalible olfato, me dijo que aquel volumen de anodina portada entre verdosa y azulenca –la estoy viendo– era una joya, un tesoro, una obra maestra, y como tal la recuerdo. Su lectura me marcó, me fecundó, dejó huella indeleble y poso perdurable en la cera, a la sazón casi virgen, de mi imperiosa vocación literaria. Hay en cualquier vida, en *todas* las vidas, por distraídas o desastrosas que sean, momentos estelares que jamás se borran, impactos clamorosos que nunca se despintan. Son como sacramentos que imprimen carácter e imponen destinos. No he olvidado, de hecho, aquel instante de ultraterrena plenitud: cerré el libro, alcé los ojos, miré el futuro y me dije –fue, literalmente, así– que algún día, misterioso y lejano, también yo, encanecido ya, me sentaría ante un rimero de hojas en blanco para componer y estampar en ellas la partitura de otro *arte de vivir*. El mío. El de quienes, tras escucharla, se aviniesen a hacerla, en todo o en parte, suya. Una vez más, como en el *Romance del conde Arnaldos*, yo no decía ni digo mi canción sino a quien conmigo va.

Pues bien: parece ser –consiéntaseme la insistencia– que la hora de ese día, a la sazón misterioso y remoto, por fin, malhaya, ha sonado.

O sonó, dicho sea por mor de exactitud, hace algo menos de tres años, con sesenta y dos en mi aljaba, cuando al calor del vino del estío se me ocurrió en una playa de la isla de Lanzarote la climatérica y peligrosísima idea de elaborar un decálogo –tal era al comienzo mi comedida intención– que recogiese y transmitiese (a modo no, por supuesto, de Tablas de *la* Ley, pero sí, ¿qué mal hay en ello?, de tablas de *mi* ley) cuanto la vida, en las duras y en las maduras, a trancas y barrancas, me había ido enseñando.

Así lo hice. Puse manos a la obra aquella misma mañana, entretúvome el asunto durante dos o tres días, y de allí, de todo eso, viene ahora este libro, aunque la cuenta inicial –no figurando la contención en el catálogo de mis virtudes más sobresalientes y sí, en cambio, la irrefrenable tendencia a la desmesura en la lista de mis vicios menos corregibles– se me desbordara y terminase el decálogo de marras convertido en lo que ahora es: una riada de ciento cuarenta y cuatro preceptos, se dice pronto, que –conociéndome– serán seguramente algunos más cuando dé por concluido el libro cuya redacción estoy acometiendo.[1]

Pero regresemos antes, sin demorarnos mucho, a la mañanita aquella de Lanzarote en la que chispeó su punto de ignición. Traba-

1. Ha quedado la cosa en un total de ciento ochenta y uno. *(N. del a. añadida a toro pasado.)*

jé duro, alcancé después de muchas horas en el tajo de mi Olympia –ya veis: sigo sin recurrir al ordenador y, lo que os parecerá aún más grave, sin contrición por ello ni propósito de enmienda– la cota de mandamientos mencionada más arriba, endilgué el roción mediante pública lectura a un resignado grupo de sufridores y amigos, conmináronme éstos a divulgar la retahíla en letras de molde y con pie de imprenta, les hice caso, apareció el sermoncillo so capa de *dragontea* en tres números consecutivos de la revista que entonces acogía mis columnas, recibí muchos más plácemes de los que mi pesimismo temía y mi optimismo esperaba, seguí recitando la letanía –aquí y acullá: Pastrana, León, Valladolid, Valencia, Palencia, Cuenca, Zamora, El Escorial, Guadalajara–, suscitó en todas partes apasionado interés (no me pregunten la razón; fue para mí una sorpresa), levantó broncas, generó adhesiones, destapó emociones, alivió a muchos, soliviantó a otros tantos, fue fotocopiada y repartida por manos anónimas y espíritus afines, circuló con ímpetu torrencial (y, probablemente, infundado) por las cañerías subterráneas de la literatura secreta y al cabo, por fas o por nefas, entre los unos y los otros, cómplices los tirios y discrepantes los troyanos, o viceversa, se me persuadió de que, como escritor cuasi anciano, tenía el deber –oscuro deber, pero así están las cosas– de ponerme cuanto antes (por si las moscas; la muerte acecha) a escribir este libro.

Sea.

Sea, sí, pero ¿cómo, de qué manera, con qué hechuras, bajo cuál formato?

Ciento cuarenta y tantas frases –o las que al final resulten– más o menos lapidarias y, por ello, forzosamente lacónicas no bastan ni de lejos para llenar un *crisolín*, un catón, un breviario, un volumen de la Biblioteca Pulga. Tanto menos un libro. ¿Cómo henchir, cómo colmar, cómo dar cuerpo a éste?

Reflexioné sobre el asunto, lo mareé, lo estudié desde todas las perspectivas posibles y llegué a la conclusión –perogrullesca y, por eso mismo, inevitable– de que sólo cabía un recurso: el de ensanchar e ilustrar filosófica, poética y narrativamente la obra en cuestión con una serie de estampas concebidas para aclarar al lector lo que en cada epígrafe del código de conducta propuesto se le dice, pero *sin caer nunca en la tentación de justificar lo dicho*.

El matiz me parece importante, y por eso lo subrayo. Entiéndaseme: yo no soy, gracias a Dios, Yahvé (personaje que me asquea hasta el extremo de que, si lo fuese, me gustaría dejar de serlo), pero reconozcamos –por si la hiperbólica comparación, que tan sólo quiere ser festiva, valiera– que, según la Biblia, única fuente del horrendo mito, el ectoplasma o, quizá, extraterrestre del Sinaí no se tomó la molestia de explicar a Moisés el porqué, si lo había, de sus diez mandamientos. Simplemente se los entregó, sin apelación posible, y a otra cosa. Quiero decir con ello que mi libro lo es exclusivamente de conclusiones y no, en modo alguno, de justificaciones. Busquen éstas, quienes así lo deseen, en otras obras mías, publicadas ya o aún por publicar, y –si me pusiera a tiro– interpelándome directamente, lo que a buen seguro no les resultará fácil, se lo aviso, por ser yo persona huidiza, taciturna –«solitaria e insociable», ya lo dije– y, en todo caso, poco dada a perder la paciencia y el tiempo en cháchara de salón que a ningún puerto conducen y que en escasos minutos el olvido aventa.

Perdóneseme lo que acabo de decir. Está en mi naturaleza, no hay voluntad de agravio a mis semejantes. ¡Qué le voy a hacer si hablar me aburre! (ya sé, ya sé: ¡quién lo diría!). Mi idioma es la escritura. ¡Ojalá fuese todo lo demás silencio!

Vale, vale... Descartemos la alusión a Yahvé, por megalómana, y recurramos, para explicar lo mismo, a un ejemplo más amable, más cercano y mucho menos aparatoso... A saber: medio italiana es mi hija mayor, medio italiano es su primogénito, y (obviamente) nieto mío, y por ello, y por otras circunstancias y afinidades que no vienen al caso, ha ido poco a poco instalándose y cundiendo en el ámbito de nuestra familia la costumbre de utilizar como segunda lengua –cómplice, cifrada, afectuosa y, a menudo, chistosa– el cantarín italiano coloquial, en el que también saben desenvolverse, chapurreándolo con mayor o menor chispa y soltura, mi único hijo varón, mi segunda y, por ahora, última nieta y mi yerno actual (ha habido otros).

Con tal premisa y de esa forma, a raíz de un reciente viaje de la *troupe* –casi al completo– por los valles y montañas nepalíes, ha ido tomando jocosa carta de naturaleza en el seno de mi clan, siempre proclive a la broma, el hábito de zanjar con la italianísima frase «*è così*!» *–¡es así!;* la traduzco, aunque su sentido sea palmario, porque no me fío un pelo del dudoso don de lenguas de mis hispanocéntricos compatriotas– cualquier escena, suceso, aseveración o situación que por ser absurda, inapelable, apabullante, conflictiva o excesivamente compleja no sepamos, no podamos o no queramos explicar.

Huelga añadir, de ahí el origen de la usanza, que en Nepal –como en muchos otros lugares situados extramuros de nuestra cultura– abundan los casos y cosas incomprensibles para las molleras occidentales. Mi nieto, que tiene diez años, pedía continuamente, al hilo del viaje mencionado, que se los aclarásemos, y nosotros, los adultos, incapaces de ello, resolvíamos la papeleta con el contundente carpetazo del «*è così*!», y punto. *No se hable más*.

Y el chicuelo lo entendía. Lo entendía y, risueñamente, con un guiño de complicidad, lo aceptaba.

Valgan la anécdota y el truco para recordar y confirmar que las rúbricas de mi código son *mandamientos*. Díjolos Blas. Tomadlos o dejadlos, dadles todas las vueltas que queráis, buscadles las tripas y las flaquezas, si tal es vuestro gusto, pero no me pidáis que los defienda o justifique, a no ser que motu proprio y bona fide sea yo quien tome, en algunos casos concretos, esa decisión. Si lo hacéis, responderé «*è così*!», enarcaré las cejas, enseñaré las palmas de mis manos vueltas hacia arriba, sonreiré y pasaré a otro asunto.

Quede, además, a propósito de todo esto –de mis razones y sinrazones– nítida constancia de que, en mi opinión, y soy en eso rotundo, todas y cada una de las reglas de conducta ética y estética que aquí se exponen son fruto del sentido común y nada más que del sentido común, por lo que sobra, en lo tocante a ellas, cualquier intento de probanza. Sólo los tontos gastan saliva en demostrar lo evidente.

No busco prosélitos, no soy un apóstol, no tengo nada de lo que convencer a nadie.

Ahora bien (lo digo por lo que antes dije a cuento del sentido común): sé desde la infancia, porque fui uno de esos niños a los que casi todos consideran *raros,* que mis convicciones acerca de la sensatez no siempre coinciden con lo que el resto de la humanidad entiende por cordura. Allá ellos.

Eppur...

Decía Dalí: «La única diferencia entre un loco y yo es que yo no estoy loco».

Soy discípulo de Guillermo Brown, príncipe de la anarquía. A buen entendedor...

Dejémoslo ahí y sigamos.

Miseria de los tiempos, horrible aprensión, terrible duda: ¿será éste que aquí empieza uno de esos libros, patéticos en su bobaliconería y espantosamente escritos, a los que la industria editorial –jaleada por el analfabetismo de los periodistas, la vacuidad de los ejecutivos, la frustración de las marujonas, la neurastenia de las solteronas (y, quizá, de los solterones; sé poco de eso, nunca lo he sido), la mojigatería de los cooperantes y la charlatanería de los mercachifles de la Nueva Era– ha decidido llamar *de autoayuda?*

Vade retro. Exorcismos. Dientes de ajo. Bastaría esa sospecha, si los honorables miembros del jurado popular estimaran que tiene fundamento, para que incontinenti colgase yo la pluma, desistiera de lo emprendido y me dedicara a cuaquier otro pasatiempo. Mejor cortarme la coleta, o lo que haga falta, que averiguar las razones, si las hubiere, de que un desaprensivo se haya llevado mi queso.

No quiero escribir *El alquimista*. No quiero bruñir las lanzas ni engrasar los goznes del Caballero de la Armadura Oxidada. No quiero ir donde el corazón de Susanna Tamaro me lleve. No quiero un *fish* en mi mesa. No quiero averiguar cuál es la décima revelación.

¿Vale?

Pues pasemos página...

Debo, con todo, admitir –pese a mi estallido de justísima cólera– que la espeluznante conjetura formulada en el apartado anterior no es del todo inverosímil. De ahí, *excusatio non petita*, mi inquietud.

Dos indicios racionales de criminalidad la avalan.

Refiérese el primero a mi intención, que no escondo, de que el código de conducta expuesto en este libro invite, por una parte, a la sabiduría y, por otra, *ayude*, ay, a encontrar la felicidad.

Apunta el segundo a la firme voluntad, que tampoco oculto, de que mi «arte de vivir» sea, en lo tocante a la lectura, no sólo el más sencillo de mis libros, sino incluso –lo que ya es decir, afinar y condescender– un libro sin estilo o, por lo menos, un libro en el que el estilo no oscurezca la inteligibilidad de los conceptos ni las palabras desvíen la atención de los lectores.

Otra cosa es que lo consiga. Cuestión de carácter: no es fácil, en mi caso, dejar de ser un escritor barroco. En la ancianidad, viruelas, artrosis anquilosante y cintura de hipopótama preñada.

Por lo demás, caso de que no lo consiguiera, el indicio en cuestión se desvanecería, por lo que tampoco es cosa de preocuparse mucho. Gano, pues, en los dos frentes y confío, de todos modos, en que la sencillez, si llega, no me lleve a la estulticia. Ya se verá. Nunca me planteo problemas antes de que los problemas se planteen.[1]

1. Véase el cuarto mandamiento de mi código.

Y, en cuanto al primer indicio, sírvame de descargo la convicción filosófica de que *sabiduría, felicidad* y –añado ahora– *ética* son términos, si no sinónimos, sí equivalentes. Muy equivalentes.

Si la felicidad –y no el amor, que conduce a ella y es su caldo de cultivo y la ley general del universo, pero en modo alguno la última meta de éste– constituye, como muchos creen (el dalai lama y yo, entre ellos), el propósito principal de la existencia, sólo cabe considerar sabiduría, verdadera sabiduría, al conocimiento o conjunto de conocimientos que permiten alcanzarla. Lo demás es farfolla, mera información, triste erudición, simple almacenamiento de datos... O sea: *agnosis*.

Y si, a mi juicio, como más adelante se verá, no puede ser feliz, ni siquiera en parte, quien no tenga la conciencia absolutamente tranquila, forzoso es llegar a la conclusión de que todos los sabios son hombres buenos, aunque no todos los hombres buenos parezcan sabios.

Con lo que ya tenemos aquí el tercer concepto citado: el de la ética, condición no sólo necesaria, sino también suficiente –así lo pienso– para ser feliz.

La fórmula –la receta de este libro– podría resumirse así: obra bien, y todo te será dado.

Ya sé que lo mismo, en sustancia, nos dicen las religiones, pero no basta con decirlo. La *gnosis* (el conocimiento) es fruto de la experiencia, no de la teoría. Se alcanza por el hacer y, en todo caso, por el sentir, no por el creer ni por el pensar. El código de conducta que propongo, y al que tantas veces he hecho ya referencia, es en realidad un código de *buena* conducta. No me importa que me llamen moralista. Lo soy.

Pero, una vez más, de poco sirve decirlo. Lo peliagudo –el intríngulis– estriba en discernir lo que es y lo que no es *buena conducta*. Ahí está el campo de batalla, ahí empieza el alboroto, ahí es donde –a veces, no siempre– me aparto de las teorías al uso, del Discurso de Valores Dominantes en el mundo occidental, y ahí es, por lo tanto, donde mi arte de vivir –mi código de buena conducta– se hace heterodoxo, subvierte el orden establecido, desafía a los bienpensantes y deviene abierta *incorrección política*.

¡Qué alivio! Las obras de autoayuda son siempre, en todo y por todo, políticamente correctas. Están al servicio del *american way of life* y de la ideología de la Unión Europea. Mi libro ignora esa *entente* y rompe esa baraja de naipes marcados, ergo...

Cuestión resuelta.

¿Incorrección política?

Sí: la que consiste en atreverse a decir lo que se piensa –coincida o no con lo que los líderes y las mayorías piensen– y a describir el mundo como el mundo es y no como, según las cambiantes ideologías desde las que se contemple, debería ser.

Lo primero es fruto del valor y atañe a la honradez existencial. Lo segundo es fruto de la honradez intelectual y atañe a la independencia, a la libertad y al honor.

O viceversa. El orden de los factores no cambia el dictamen.

La *corrección política* consiste, por el contrario, en acatar la censura que el poder ejerce, convirtiéndonos así en súbditos del mismo, y en renunciar al ejercicio del pensamiento libre, convirtiéndonos así en cabezas de ganado. O en ganado sin cabeza.

Lo uno y lo otro –la sumisión y el balido– nos impide llegar a ser quienes somos. O mejor dicho: quien cada uno, distinto e irrepetible, es. ¿*Ubi* Píndaro?

Y nada hay, seguramente, más lesivo que eso para la condición humana. Decía Jung, y yo lo repito siempre que las circunstancias lo permiten y aconsejan, que «la vida no vivida es una enfermedad de la que se puede morir».

O mejor sería decir –si se me permite enmendar la plana a un maestro (aunque en realidad no haya enmienda, sino *addenda* que el filósofo, por obvia, omitió)– que la *propia* vida no vivida...

Etcétera.

Corrección política equivale, pues, a *incorrección moral*.

O sea: a desdicha.

Añadiré aquí algo sobre la segunda faceta –la ideológica, no la meramente policial– del concepto de la corrección política. Es importante.

El hombre moderno (y no digamos el posmoderno) vive metido hasta el gañote en lo virtual –que es lo contrario de lo virtuoso–, y no únicamente, como cabría pensar, por su infantil adicción a Internet. A ello le constriñe no tanto –con ser grave– el uso o el abuso de la informática cuanto su condición de buen ciudadano que respeta sin cuestionárselas las leyes, escritas y no escritas, coercitivas o no, del sistema político, económico, religioso, cultural y consuetudinario en el que ha nacido.

Me refiero, por supuesto, al hombre occidental, por europeíto o americanito que sea. A él se dirige, en primera aunque no única instancia, este libro. Los orientales, si de verdad lo son, no lo necesitan.

O lo necesitan menos... Pero eso es otra historia de la que aquí no voy a ocuparme.

A ese hombre –democrático, pacífico, dialogante, votante de la derecha o de la izquierda (tanto monta; las dos, cuando no se instalan en los extremos, son centristas y están en el mismo ajo), razonable, responsable, cumplidor de las leyes, respetuoso con los derechos humanos, feminista, ecologista, turista, socio de algún gimnasio, lector de *El País*, obediente, sonriente, sumiso, protésico, encorbatado (no siempre; a veces disimula), patriota, alérgico, víctima y, sin embargo, cómplice de la vigente extorsión tributaria, provisto de teléfono móvil y de ordenador más o menos portátil, adicto a la tecnología, idólatra de la ciencia, usuario y siervo de la economía, lector por decreto periodístico de novelas insoportables, papanatas del genoma, insatisfecho, deprimido, convencido de que el mundo, pese a todo, progresa y de que la sociedad es injusta, televidente, aficionado al fútbol, colaborador de oenegés, resignado visitante dominical de museos de arte moderno, judeocristiano y, sin embargo, agnóstico (cuando no abiertamente ateo), sentimental, consumista, fideísta y tantos otros adjetivos, uf, todos ellos, en apariencia, virtuosos... A ese hombre, decía, la corrección política, explícitamente impuesta por la sociedad en la que sin rebelarse vive e implícitamente derivada de su propio y convencionalísimo ideario, le obliga a dar por buena la vieja fábula del rey desnudo e, incluso, a intervenir en ella como sujeto pasivo.

Todo el mundo la conoce: no es menester repetirla...

Y, de hecho, no la repetiré, pero sí la repasaré adaptándola a los tiempos que corren.

El rey es, en la versión moderna de la fábula, la sociedad o, si me apuran, la realidad: cuanto en estos días, alrededor de nosotros, sucede.

El sastre es quien manda en esa sociedad (y, por ende, en nuestras vidas): los políticos, los banqueros, los magnates de la economía, los ideólogos, los telepredicadores, los propietarios de medios de comunicación, los papas y popes, los cantantes de *rock*, las vacas sagradas del quehacer tecnológico, informático o científico...

El traje transparente (o inexistente) es el Discurso de Valores Dominantes.

Los súbditos que no se atreven a mencionar la desnudez del monarca son los hombres corrientes y molientes –tal como quedaron descritos más arriba– que, de grado o por fuerza, ciegos o desviando la mirada, comulgan sin rechistar con las ruedas de molino del Sistema.

Y, por último, pues ya no hay más personajes ni elementos en la fábula, su héroe –el niño que reconoce y proclama lo que todos ven (o deberían ver) y nadie menciona: la desnudez del césar– sería el hombre políticamente incorrecto, como lo fue, verbigracia, Jesús, como lo fue Buda, como lo fue Gandhi, como lo fue Galileo y como lo son o lo somos ahora, sin rayar a tanta altura, quienes detectamos y denunciamos –con mejor o peor fortuna y cada uno desde su particular almena– el delirio vigente, la impostura oficial y general, la mentira, la farsa, la absoluta irrealidad de lo que nos están contando.

Y esos hombres –Galileo, Gandhi, Buda, Jesús, los místicos, los rebeldes, los piratas, los que nadan aguas arriba, los que bogan contra corriente, los que no siguen a Bush ni a Ben Laden, a Wojtyla ni a Hawking, a Fukuyama ni a Huntington, los que no acuden a las urnas ni juegan a la Bolsa, los que voluntariamente se marginan sin por ello desarraigarse, los que no hablan jamás por boca ajena y todo lo verifican, los que, en suma, recuerdan a los demás hombres que el rey va desnudo y que, si entre todos, sinérgicamente, no lo vestimos, va a pillar una pulmonía... Esos hombres, perdonad que os lo recuerde, son inmediatamente zaheridos, desautorizados, despreciados, ridiculizados, amordazados o inclusive, reos sólo de un supuesto delito de opinión, procesados, encarcelados y, a veces, ejecutados (aunque no en la jesuítica Europa).

Ante eso, sólo cabe un recurso: el de *emboscarse*, como hace el urogallo y como sugería Jünger, pero sin renunciar, desde la espesura, al canto.

Terminaré esta digresión, que sólo en apariencia lo es, diciendo que –tal como están hoy, a finales del mes de mayo de 2002, las cosas– ya no son los niños, ¡pobrecitos míos, tan acoquinados y acorralados por la tele y por la escuela!, quienes poseen la inocencia necesaria para gritar que el rey va desnudo, sino los viejos, que gozan, por ley y por el peso de la costumbre, de relativa impunidad y que en todo caso, hoy como ayer, pueden y deben permitirse el lujo de decir lo que piensan, tal como lo piensan y en el mismo momento en que lo piensan, porque ya no tienen nada que perder ni, por ello, que temer.

Ésa y no otra es la razón de que a mis sesenta y cinco años, no antes ni después, un poco cansado ya de haber venido al mundo y dispuesto a pasar al otro sin un pestañeo en cuanto la Parca me reclame y la Fuerza me lo indique, escriba y publique este arte de vivir políticamente incorrecto. La edad me ha vuelto inmune. Planto, pues, el testigo y lanzo al mar mi mensaje de náufrago metido en una botella con la esperanza, leve, de que alguien lo reciba y lo propague.

Y si no es así, tampoco, amigos míos, pasa nada. No dramaticemos. Bajadme los humos. Con volver a mi concha y aplicarme yo solito el árnica y el cuento, arreglado. El arte de vivir es, en definitiva, una cuestión privada.

Atemos cabos, cerremos la argumentación...

Lo que con todo lo escrito en el capitulillo anterior quería decir es, en resumen, que la tan cacareada y por mí denostada corrección política del Sistema hoy dominante se apoya en el pensamiento volitivo –pintar como querer– y transmite, por ello, una visión del mundo dudosamente real cuando no abiertamente irreal.

Se trata de algo parecido a lo que, engallándose frente a los más elementales dictados del sentido común, sostenía el médico (e ilustre idiota) inventado por Molière para servir de contrapunto e involuntario bufón en una de sus comedias: «Mejor morir según las leyes de la medicina –decía aquel mentecato cargándose de razón, de cientifismo y de mal entendida y peor asimilada modernidad– que seguir vivo contraviniéndolas».

Pasmoso, ¿no? ¿Habrá, de verdad, gentes que prefieran hincar el pico con el cuerpo atiborrado de antibióticos y cortisonas, valga el ejemplo, a seguir con vida tras haberse negado a ingerir tales tósigos por mucho que los representantes y voceros de la medicina oficial –esto es: políticamente correcta– se los hayan encarecido y recetado?

Pues sí: las hay... Yo conozco algunas. Lo suyo es el colmo del esnobismo. Se están, pongamos, muriendo de cáncer, y además no lo ignoran, porque el médico se lo ha dicho, pero si algún espíritu bienintencionado, por mero altruismo y con todo el amor del mundo, les habla de un producto natural (y, por ello, absolutamente inofensivo) que según la medicina ayurvédica, verbigracia, o la de la antigua China, ha demostrado su virtud, su *ki*,[1] su utilidad en casos como el suyo, no le agradecen la información ni le preguntan que cómo puede conseguirse y cuánto cuesta, sino que tuercen el gesto, desvían la mirada vidriosa y con un hilo de voz susurran: «Bueno, no sé, consultaré a mi oncólogo...».

Y lo grave –lo gordo– es que éste, en la mayor parte de los casos, sonreirá con suficiencia, despreciará lo que ignora, conculcará la deontología de su oficio y zanjará la cuestión conminando al *morituro* a dejarse de tonterías (sic) y a espicharla (eso no lo dice;

1. *Energía*, en japonés y en chino. Es la del samurai, la del judoka, la del karateka, la de los bonzos, la del Tao, la del cosmos, la de todas las artes marciales y espirituales del Extremo Oriente.

se limita a pensarlo) como mandan los cánones, las instrucciones y los trágalas del Colegio Oficial de Médicos, institución mafiosa donde las haya que en nuestro país –no sé en otros– navega con manifiesta impunidad y patente de corso.

¡Pues anda y que los zurzan a los dos! Al enfermo, porque muerte con gusto, al parecer, no pica, y al oncólogo, que juega en campo ajeno –ahí se las den todas– y dispara con pólvora del rey, por ignorante, por petulante y por sinvergüenza.

O por homicida.

Son muchos los familiares y amigos a los que he visto morir no porque fuera irremediable, sino por cerrazón mental. Y eso duele. El carácter, dicho sea una vez más, es el molde del destino. Así tu forma de ser, así tu vida... Y tu muerte.

Por cosas así, aunque no siempre tan dramáticas ni caricaturescas, es por lo que antes dije –y lo repito ahora– que el hombre de nuestros días está inmerso hasta el gollete en lo virtual (sinónimo, según el diccionario, de lo irreal... Vale decir: de la *vida no vivida*). Y eso sucede a causa de la dichosa corrección política. Ésta ignora el principio de realidad –como también lo ignora, y es curioso, la nueva economía– y convierte en zombis a sus usuarios. Ningún hombre que aspire a ser feliz debería caer en tan burda trampa.

Pero soy un lenguaraz. Se me calienta la pluma y corro más de lo que la discreción aconseja y las necesidades del relato exigen. Mejor será poner coto a tanta prisa y término a esta introducción, seguramente superflua, aunque no sin añadir antes un epiloguillo de instrucciones de uso y de postreras consideraciones. Son las que siguen:

1. El código de conducta que propongo, pese al elevado número de los mandamientos que figuran en él, no es ni puede ser exhaustivo. Imposible abarcarlo todo. Cada hombre es un mundo que sólo coincide en parte con el mundo de otros hombres. Mi vida no es la vida del vecino ni la vida del vecino es mi vida. Las personas –cualquier persona– son *individuos* diferentes entre sí e irrepetibles. No hay falacia mayor ni más dañina que la del igualitarismo. Lo que para mí es bueno o malo, importante o insignificante, no tiene por qué serlo también para el prójimo, para el lector, para el amigo, para el enemigo... Siempre quedarán cabos sueltos. Átelos a su gusto y en función de sus necesidades quien me lea. Todo lo que en el cuerpo de este libro voy a decir nace de mi experiencia y sólo de mi experiencia, enriquecida, eso sí, por la observación y, a veces, por la subsiguiente e involuntaria asimilación o imitación voluntaria –aprendizaje, en suma– de la experiencia ajena. No se me pida más. El que da lo que tiene...

2. Y lo que tengo ahora, aquí, sobre la mesa, en mi almario, mientras doblo –avizorante, expectante– el cabo de la Tormentas (y, quizá, de Buena Esperanza) marcado por el mojón de mi sexagésimo quinto año de trayectoria vital, consiste, fundamentalmente, en una sola pieza de equipaje: mi filosofía de la existencia. Todo el mundo, supongo, la tiene, más o menos elaborada, más o menos –por parte de su propietario– apercibida, cuando alcanza tan provecta edad. Este libro se ha tramado única y exclusivamente con los hi-

los de esa filosofía, lo que explica, entre otras cosas, que haya incluido en él –y no sólo a pie de página, sino también en su fuste o tronco– largas citas procedentes del resto de mi obra. Ésta, buena o mala que sea, forma desde la primera hasta la última línea (que pronto será la penúltima) un *corpus* unitario y homogéneo que vuelve una y otra vez sobre sí mismo, es mayormente autobiográfico y, en tercera o en primera persona y disfrazado o no de narración o de ensayo, responde en todas y cada una de sus páginas a la voluntad, a la necesidad y al deseo de encontrar (para mi propio uso) y de proponer, en segundo término, a los lectores el sentido de la vida en general y, en particular, los modos y maneras en los que *yo* –no ellos– aplico a lo concreto, a lo práctico, a lo cotidiano, a lo inmediato, esa filosofía de lenta sedimentación y decantación.

3. Durará mi vida lo que dure, pero de momento, por más que las estadísticas me confinen en el *sheol*, tierra de nadie o limbo de la *tercera edad*, sigo en el tajo de la existencia activa. A los escritores, que siempre estamos, por definición, de guardia, sólo la demencia senil y otros males afines nos retiran. No viajo a Benidorm en autobuses del Imserso, no doy migajas a las palomas en las plazas públicas, no sobrevivo al arrullo limosnero de la sopa boba. Verdad es –lo digo, naturalmente, con sorna, retranca y una pizca de mosqueo– que en los transportes públicos japoneses tengo ya derecho a asiento y que en los cines de París pago la entrada a precio reducido, aunque sólo en sesiones de día laborable, pero mi agenda, mi volición, mi imaginación y mi razón siguen atiborradas de proyectos. Envejecer es detenerse, con arrugas o sin arrugas, y perder las

ganas, el hálito psicológico, el impulso de empezar cosas nuevas. Creedme: no es mi caso, o no lo es aún, y eso deja abierta la posibilidad e incluso la probabilidad de que llegue yo en el futuro a conclusiones sobre el arte de vivir distintas a las que aquí formulo. No hay más ley en el ámbito del universo que la del constante devenir. Ya lo dijo uno de los primeros filósofos de la historia de la cultura occidental: «nadie puede bañarse dos veces en el mismo río». Lo lógico, pues, y también –para mí– lo deseable es que el paso del tiempo y de *mi* tiempo me lleve a añadir o suprimir mandamientos de la lista y, en todo caso, a modificar algunos de los que ahora figuran en ella. No cese de salir ni de ponerse el sol. El arte de vivir, mientras el cuerpo aguante, también consiste en seguir vivo.

4. No tardará en comprobarse: hay en mi *código de conducta* de todo un poco. Es plural, abigarrado, híbrido, mestizo. Combínanse en él lo general y lo particular, lo abstracto y lo concreto, lo crucial y lo fútil, lo inusitado y lo adocenado, lo filosófico y lo poético, lo corporal y lo psicológico, lo físico y lo metafísico, lo sagrado y lo profano, lo pretencioso y lo humilde, lo transgresor y lo consuetudinario... En una palabra: lo microscópico y lo macroscópico, lo macrocósmico y lo microcósmico... ¿Acaso no se teje la cesta de la vida –y, por tanto, también la del arte de vivir– con todos esos mimbres?

5. Dedúzcase de lo dicho en los dos apartados anteriores que mis fuentes de inspiración también son, lógicamente, plurales. No todos los mandamientos propuestos llevan mi firma (o, por lo menos, no la llevan en exclusiva). Algunos proceden de otros códigos, de

otros ámbitos, de otras personas, de otras cabezas, de otros corazones. Pero hoy, por derecho de usufructo, son ya tan míos como de quien los parió. No citaré, caso por caso, su origen, su paternidad, su genealogía. Eso convertiría mi libro en adusta obra de erudición. Nada más lejos de mi ánimo. En el arte de vivir –en la búsqueda de la felicidad– no importa el quién ni el dónde, sino el qué y el cómo. Importa el contenido y la eficacia del consejo, no el nombre de Agamenón ni el de su porquerizo.

6. Ciento ochenta y un mandamientos son, ciertamente, muchos. A Yahvé le bastó (y hasta le sobró, diría yo) con una decena. A nadie pido y de nadie espero que los respete todos. Aplicar tamaño casuismo desde la salida hasta la puesta del sol, día tras día y año tras año, convertiría a quien lo hiciera en un héroe, en un superhombre, en un dechado de perfección, en un *cristo*, en un *buda*. ¡Y tampoco es eso, caramba, no vaya a ser que nos canonicen! Si ni siquiera yo sigo al pie de la letra, veinticuatro horas al día, todos los consejos que aquí expongo, ¿cómo voy a pretender que lo haga quien tiene conmigo la deferencia de leerme? No, no. Aplique cada quien con moderación y cordura lo que digo, eche mano del cuentagotas, dosifique, discierna lo que en su caso es aplicable de lo que no lo es y tenga siempre bien presente que el objetivo final se cifra en llegar a ser *lo que cada uno es* y no, de ningún modo, a ningún precio, *lo que yo soy*. Nada, os lo aseguro, más lejos de mí que la tentación de proponerme como modelo. Me preocupa, horrorizándome de antemano, la posibilidad de que alguien llegue por su cuenta a tan equivocada conclusión.

7. Hay en mi lista preceptos que se reiteran, que subrayan por vía de repetición (aunque ésta nunca sea formal, sino conceptual) lo que, explícita o implícitamente y parcial o totalmente, ya había dicho con anterioridad. Conste que lo he hecho así adrede, y no por senilidad, sino por dos buenos motivos. A saber: porque algunos de mis mandamientos están indisolublemente imbricados entre sí –esto es: se prolongan, reafirman y completan recíprocamente– y porque sé ya, aunque no lo supiera en mis años de estudios escolares y universitarios, que las cosas del pensar y el entender, para que calen, para que cuajen en la conciencia y no se vayan con su tuétano y su magisterio, si lo tienen, al carajo del olvido, deben repetirse tantas veces como el maestro repite en el aula que la *eme* con la *a* hace *ma* para que los niños aprendan a leer. Y sé también, por añadidura, que cada generación olvida (hoy más que nunca) lo que la anterior –sus mayores– sabían. Estamos tirando la tradición, la memoria colectiva y la historia universal por la ventana del trastero.

8. ¡Quién iba a pensarlo! La descripción de la secuencia del genoma no deja lugar a dudas: por fin sabemos que el alma existe, que no es invento de curas ni desiderativo sueño de poetas, místicos o locos. Si de verdad, como nos dicen, somos genéticamente idénticos, o casi, a una mosca, una ameba o un gorila, ¿a qué, si no es al alma o a cualquier otro factor similar, por impalpable, puede obedecer la enorme diferencia existente entre los seres humanos y las tres criaturas citadas o cualquier otra del resto del mundo animal? Sí, sí, lo sé, resulta paradójico, por no decir abiertamente cómico, que a la postre, después de tantos dimes y diretes, de tantas disquisiciones e in-

quisiciones, sean los biólogos y no los teólogos quienes sin proponérselo nos saquen del atolladero, pero no es eso lo que aquí me importa ni es por eso por lo que lo digo. Lo digo porque, demostrada así la existencia del alma, nadie en su sano juicio se atreverá a poner en tela de éste la avasalladora certidumbre de que la batalla de y por la felicidad humana no se libra tanto en nuestra dimensión tangible y exterior cuanto en el ámbito invisible, pero fácilmente perceptible, de lo interior. Téngase, pues, muy en cuenta este principio de carácter general a la hora de establecer jerarquías y prioridades entre los preceptos y exhortaciones de mi código.

9. La carne es débil, por lo que el argumento de autoridad, digan lo que digan los escolásticos, carece de importancia. Pese a ello, bien lo sé, no han de faltar lectores que al concluir este libro o en el curso de su lectura alcen contra mí su dedo admonitorio acusándome de dar consejos que no sigo, normas que no respeto, mandamientos que no acato. Ya he aludido a ello en el sexto punto de estas instrucciones. Y tendrán, a veces, razón: la que mis flaquezas les brinden. ¿Y con eso? ¿Dejarán, acaso, de ser útiles mis consejos sólo porque yo los conculque? O viceversa: caso de resultar erróneos, ¿pasarán a ser atinados sólo porque yo los siga? Venga, venga... seamos adultos sin por ello perder la inocencia, alcancemos la edad de la razón, no busquemos permanente refugio en las faldas de mamá, desoigamos el principio de autoridad, verifiquémoslo todo, dejémonos de prejuicios, de servidumbres personales o personalistas y de argumentos ad hominem. Arrieritos somos. Se hace lo que se puede, se camina, se avanza, se crece, se mejora –digo yo– poquito a poco,

pasito a paso... Venga otra vez en mi ayuda el porquero de Agamenón: la verdad lo es por sí misma, por su contenido, no por la boca que la proclama ni por la conducta de quien la predica.

Punto final... ¿Deberé dejar constancia, antes de teclearlo, de que dudoso (por no decir inútil) *arte de vivir* es todo aquel que no lleva aparejada la enseñanza del *arte de morir*?

En ello, os lo aseguro, estoy. Sé, con absoluta certeza que sólo una muerte prematura podría quebrar, que algún día no excesivamente lejano escribiré ese libro, acaso –sería lógico– el último de mi obra. Puedo, incluso, anticipar su título, que es un verso de Juan Ramón: *Y se quedarán los pájaros cantando*. Pero no tengáis prisa, no me clavéis las espuelas: aún no ha llegado el momento de que yo vierta sobre el papel lo mucho que la vida me he enseñado –lo enseña a todos– acerca de la muerte. Ésta y aquélla son anverso y reverso inseparables de una misma y única medalla.

Algo, sin embargo, tendré que decir, de refilón, al respecto en las páginas que ahora inician su andadura, pero no será suficiente. Quedo, pues, en deuda con mis lectores o, mejor dicho, con aquellos de mis lectores que coincidan conmigo, y con Petrarca, en la convicción de que *un bel morir tutta una vita onora*.

Así es, así ha sido siempre, así será por los siglos de los siglos.

Que la Parca, sin embargo, aguarde su turno. Ahora se trata sólo de aprender a vivir...

París, 23 a 31 de mayo de 2002

Y, para empezar, un juego:
el VICHÂRA

Estamos en la recta final del *kaliyuga*...

¿Y qué diantre es eso?, se preguntarán los lectores poco duchos en la terminología sánscrita del hinduismo y de otras ciencias o religiones afines.

Con tan exótico palabro aluden los brahmines, los bonzos y los lamas a la cuarta y última era de este *kalpa* o ciclo de la historia del universo, cuya duración se cifra –la cifran los textos sagrados, vaya usted a saber por qué; a mí no me convencen ni me interesan tan pitagóricas e inescrutables cuentas de la vieja– en cuatrocientos treinta y dos mil años. Ni uno más ni uno menos. ¡Cuán portentosa exactitud! Me recuerda las pamplinas que en muy distinto escenario y desde muy diferentes parapetos nos enjaretan los astrónomos, los geólogos, los paleontólogos, los biólogos, los físicos y los químicos a cuento –nunca mejor empleada la expresión– de las edades del hombre, de la tierra, de la vida en general y de las galaxias en particular. A otro perro con ese hueso de plástico. Los científicos son ahora jactanciosos hierofantes sin máscara, coturno ni vestidura talar que transmiten a la plebe dogmas y verdades reveladas de difícil asimilación e imposible verificación. Allá se las apañen con su conciencia, pero dejémoslo ahí. No es ése el asunto que hoy me mueve a empuñar la pluma. Reanudemos el hilo...

Decía o iba a decir que el *kaliyuga* constituye la peor etapa de la evolución del hombre y se caracteriza por el dominio de la mezquindad, por la ausencia de espiritualidad y por la presencia –abrumadora, avasalladora– de todos los pecados capitales. Es el período de la degradación generalizada que precede a la disolución del universo –o, como mínimo, de la especie humana– y a su posterior refundación y generación. Cunde en dicha etapa por doquier la idolatría del Becerro de Oro y es en ella, efectivamente, y sólo en ella, un furibundo lobo el hombre para el hombre. Todo se le vuelve –se nos vuelve– violencia, rapiña, beligerancia, competitividad, despropósito, sucedáneo, vicio, satiricón y economía. Lo virtual sustituye a lo real, la discordia a la concordia, la materia al espíritu. Prolifera y ejerce el mando en ese ciclo la casta de los *shûdra*[1] –generadora y responsable de todas las ideologías perversas: fascismo, nazismo, capitalismo, socialismo, nacionalismo, judeocristianismo (incluyo en éste el islam)– y abundan a su socaire las guerras, la penuria, el hambre, la explotación, la morbidez, la locura y las catástrofes de origen natural o artificial.

Durante el *kaliyuga* –que en la tradición esotérica del gnosticismo occidental se llama Edad de Hierro– el común de los mortales desconoce su verdadera identidad y confunde el yo profundo con el ego. De ahí que, para resolver esa confusión, para disipar esa ignorancia, proponga yo aquí –a modo de ejercicio espiritual previo

1. La cuarta y última, por abajo, en la jerarquía del hinduismo. Surge de los pies de Brahma. A ella pertenecen, en general y con las debidas excepciones, los miembros de la clase obrera. Entiéndase todo ello, tan chocante para la mentalidad occidental, en clave simbólica y metafórica.

a la tentativa de aprender, y de enseñar, el arte de la existencia– el juego del *vichâra*, que es uno de los múltiples caminos conducentes al *nosce te ipsum*, a la toma de conciencia del *yo soy* frente al *yo estoy*, a la averiguación de *quiénes*, en verdad y puridad, *somos*. No existe ni puede existir ningún otro cauce –me refiero a la autocognición, no al *vichâra*– para la *gnosis*, para el chispazo deslumbrante y embriagador del conocimiento esencial e integral, para la *iluminación* (y no, en modo alguno, para la *revelación*, que es un camelo más de las religiones, supersticiones e iglesias del Libro).

Y sólo cuando sepamos eso –quiénes somos– podremos encontrar respuesta a las otras dos grandes, antiguas y soberanas preguntas: la del *adónde vamos* y la del *de dónde venimos*.

El juego del *vichâra* –otro sanscritajo, este último, que designa «uno de los cuatro estados de concentración mental necesarios, según el yoga, para alcanzar el entendimiento o *buddhi*»[1]– es, en resumen, un instrumento de indagación del yo especialmente indicado para quienes en este período, el *kaliyuga*, de horas bajas y de vacas flacas, se interesan por el sabio y viejo imperativo eleusino y socrático del *nosce te ipsum*.

Eso es todo. Huelgan otras aclaraciones. Juguemos.

1. Enrique Gallud Jardiel, *Diccionario de Hinduismo*, Madrid, 1999. Es obra excelente y de gran utilidad.

Instrucciones

1. ¿Quién eres tú? (O sea: *¿quién soy yo?*) Formúlate esa pregunta, coge papel y lápiz, y responde por escrito en menos de dos minutos.
2. Repite la operación, pero no manejes ningún dato que se refiera a tu cuerpo, a tu anatomía, a tu dimensión física. Es decir: no recurras a nada de lo que ves cuando te miras en un espejo.
3. Haz lo mismo, pero prescinde de lo que tu biografía te sugiera.
4. Vuelve a hacerlo, pero no apeles a la fantasía, a las creencias, a las opiniones ni a las afiliaciones religiosas, filosóficas e ideológicas.

Es todo. Quizá no descubras así quién eres, pero sí averiguarás, con absoluta certidumbre, lo que *no* eres.

Y no eres –nadie lo es– lo que piensas, lo que crees, lo que ves, lo que tienes, lo que sientes, lo que has hecho, lo que no has hecho, lo que has deshecho...

Vale decir: no eres tu nevera, no eres listo ni tonto, no eres culto ni inculto, no eres rico ni pobre, no eres religioso ni ateo, no eres de derechas ni de izquierdas, no eres guapo ni feo, no eres moreno ni rubio, no eres español ni chino, no eres negro ni blanco, no eres albañil ni banquero... Todo eso pertenece al ámbito del *estar*, no al del *ser*. Y, según dice, y dice bien, la gramática de la lengua en la que escribo, el verbo *ser* indica situación permanente y el verbo *estar* situación transitoria.[1]

1. El castellano es superior, en eso, aunque no en otras cosas, a las restantes lenguas románicas y al inglés. Ignoro lo que sucede al respecto en otros ámbitos lingüísticos.

De cajón, se diría... No es lo mismo, efectivamente, estar borracho que ser un borracho.

Conque ya sabes todo lo que no eres, y eso es mucho. Acabas de tirar por la borda de la barquichuela de tu globo el peso que lo lastraba. Te has purificado. Ahora puedes subir, ahora puedes crecer, ahora puedes volar.

Zarpemos...

UN CÓDIGO DE CONDUCTA

1. Para empezar, y por si acaso, ríete de todo, porque *nada importa nada*.

¿Debo explicarlo?

No sé, no sé... ¡Me resulta tan evidente, tan diáfano, tan inobjetable!

El meollo está en lo último: *nada importa nada*. Lo dijo o lo escribió, con voz y pluma anónimas, un filósofo presocrático. ¡Bendito sea! A eso lo llama el pueblo poner el dedo en la llaga.

Es frase, por cierto, que me sirve de constante (y lenitivo) norte y a la que recurro siempre en momentos de aflicción o tribulación. Lo juro: mano de santo.

La tengo inscrita en un cartelillo que preside, desde el tablón de corcho colgado a mis espaldas, la mesa en la que estudio, escribo y trabajo.

Sométela a prueba. Es muy sencillo. Finge, cuando algo te atribule o te aflija, que el asunto, efectivamente, carece de importancia, aunque en realidad no te lo parezca, y deja que corra el tiempo. Mucho o poco. Eso, en la fase inicial, en la etapa de experimentación, no cuenta. Verás entonces –fascinado, aliviado, embrujado– cómo se desactiva, minuto a minuto, quiéraslo o no, lo que tanto te afligía, lo que tanto te atribulaba. Llegarás, incluso, a preocuparte, a incriminarte, a pellizcarte con saña para ver si reaccionas, a pensar que eres un tarugo de serrín, una escultura de Chillida, un pez frío, que estás seco, amojamado, que careces de sensibilidad y adoleces, en consecuencia, de irresponsabilidad.

Pues muy bien. Vale. Tranquilo. No te inquietes, no te reproches nada, no pierdas ni un ápice de autoestima. Esa alarma, ese cosquilleo de la conciencia, es sólo el peaje de condicionamiento y la multa de remordimiento que pagas a la educación recibida. Te han convertido o han intentado convertirte en autómata, en máquina que responde a estímulos, en perra de Pávlov. Pero no eres un animal doméstico ni un títere de cachiporra. Eres un hombre, y tu cerebro –la doble y noble luz de la razón y del libre albedrío– te permite discernir sin mayor esfuerzo la evidencia de que para estimular el apetito y generar salivación no se necesitan campanillazos.

Ya te he dicho que todo es fácil en esa primera etapa... Tan fácil como meter un alimento envasado en la nevera y esperar, sin consumirlo, a que sobrepase su fecha de caducidad. ¿Qué harías entonces? Pues tirarlo a la basura, supongo, y a otra cosa.

Cierto escritor famoso –superior a mí en edad, en saber y en gobierno– me aconsejó hace ya muchas lunas, cuando estaba yo a punto de debutar en el ruedo de la literatura, que no leyera jamás las críticas suscitadas por mis libros hasta un año después de su aparición. Él, añadió, así lo hacía.

¡Sensatísimo consejo, vive Dios, que vale para casi todo!

Para los celos, verbigracia, y sus funestas secuelas. Escojo ese ejemplo por ser –o por parecérmelo– especialmente grave, generalizado y esclarecedor. Confiesa a tu marido o a tu esposa, si por honradez o por cualquier otro motivo lo estimas oportuno, las infidelidades –¿quién no las tiene de intención, de palabra o de obra?– en las que hayas podido incurrir, pero hazlo a pitón muy pasado, deja que transcurra un período de gracia, una larga cuarentena –cuanto más larga, mejor– entre la consumación y la confesión del supuesto pecado, y verás cómo se queda en leve sarpullido, por no decir en nada, el previsible ataque de cuernos sufrido por tu cónyuge.

El agua, cuando llega al mar, ya no puede mover molinos.

Todo, empezando por la vida, tiene aquí abajo fecha de caducidad. También la llevan tus aflicciones y tribulaciones. ¿O no?

Eso demuestra que no vienen de lo hondo, que carecen de entidad, que no son esenciales, sino accidentales.

Los espejismos se desvanecen; las palmeras y las albuferas reales y naturales, no.

Una vez constatado todo ello, comienza la segunda fase: la de realimentación. Los anglosajones y sus papagayos ibéricos la llaman *feedback*.

Sabes ya, por lo dicho, que tu malestar, tu inquietud, tu tristeza es tramoya, es ilusión, es una carátula, un neumático sin aire, un continente sin contenido, y que el tiempo, por sí mismo, sin más, lo cura. A partir de ese instante, de esa certidumbre, si de verdad has tomado nota y aprendido la lección, ya no lo necesitas. Me refiero al tiempo, ese bálsamo... Sobra, es inútil, virtual, neutro, estéril. Por eso aseguré que en la primera fase, en la de experimentación, poco importa lo que dure el ínterin necesario para superar y olvidar el problema. Lo importante –esta vez, sí– es que ahora, a partir de ahora, dueño ya del control de tus sentimientos gracias a la técnica del *feedback*, puedes borrar con un clic, instantáneamente, en cuanto asome, cualquier atisbo de preocupación, de aprensión, de zozobra.

Extremadamente sencillo, ya lo dije... Se le ocurre, en teoría, a un tonto, pero tuvo que ser un filósofo presocrático el que nos lo explicara y el que, de paso, nos recordara que muy pocas personas ven lo que tienen delante de las narices.

Sólo lo ven, en realidad, los niños y los sabios. Y, quizá, los locos, algunos locos...

Una última observación: he hablado únicamente de aflicciones y tribulaciones, pero es obvio que todo lo dicho sirve también para lo contrario. Si lo negativo no importa, ¿tendría que importar lo positivo?

No te acongojes, pues, pero tampoco te alegres por nada en demasía. No te envanezcas, no te frotes las manos, no tires tu gorra al aire, no creas que las posiciones conquistadas lo son para siempre. Navega al pairo, quieto, pero sin fondear, venteando y escrutando, las velas tendidas y largas las escotas. Que no doblen las campanas, pero que tampoco repiquen.

A esa actitud los epicúreos y los estoicos –no sólo ellos– la llamaban *ataraxia*. O, si lo prefieres, diciéndolo en castellano, *serenidad*. No la confundas con la indiferencia. No lo es.

Y así habrás comprendido que *nada importa nada*, que el orbe está bien hecho, que el *anima mundi* no marra un golpe ni admite el azar, que las cosas encajan, que los opuestos son en realidad complementarios, que todo sucede para mejor, que la vida se abre camino, que el mal no existe...

Y te reirás de lo bueno y de lo malo a carcajadas o, por lo menos, sonreirás.

Quod demostrandum erat...

2. Sonríe siempre, incluso cuando hables por teléfono. La sonrisa se nota en la voz.

¿Hablábamos de la conveniencia de sonreír?

Yo lo he hecho desde que nací, vine al mundo con la sonrisa puesta... Ignoro la razón –¿acaso *karma*?– y, por supuesto, no me vanaglorio de ello, no le atribuyo mérito alguno. *È*, sencillamente, *così* y siempre lo ha sido. Por lo que fuese, por lo que sea. El director del colegio en el que estudié, cuando irrumpía en el aula –los viernes o los sábados– para leernos en público las notas, que eran semanales, me decía, sorprendido y confundido, pero con ostensible indulgencia y soterrada connivencia, que yo, fuese cual fuese el dictamen emitido por mis profesores, siempre lo recibía a porta gayola con la larga cambiada de una sonrisa.

Ésta –así me enteré, así lo rememoré (porque lo tenía olvidado)– consta en las anotaciones marginales del libro de actas del colegio.

Y en ello, como dije, sigo. Seguro que hay entre los lectores de esta obra más de uno que me ha visto sonreír –sonreír *siempre*– en la tele, por ejemplo, o en cualquier otro ámbito público, por más que en torno a mí, y al calor de situaciones o discusiones no ya conflictivas, sino abiertamente tormentosas, soplase un huracán de controversias, bramidos, censuras e improperios.

No lo hago –empeño mi palabra– por cinismo ni para exasperar al adversario. No es una estrategia ofensiva o defensiva. Se trata, sólo, de un rasgo de mi carácter (y el carácter, que es el destino, no cambia nunca, aunque algunos atinen a disfrazarlo o embridarlo). Sonrío, sin poderlo evitar por más que me esfuerce, incluso cuando las circunstancias aconsejan lo contrario, cuando no estoy en mi mejor momento, cuando algo me inquieta o me entristece, cuando debo y quiero mostrarme cariacontecido, cuando necesito árnica o pido clemencia, y esa actitud, esa inclinación a la sonrisa, siempre bienintencionada y espontánea, nunca aviesa ni premeditada, me ha granjeado en no pocas ocasiones doloridas respuestas o avinagrados rebotes de indignación y estupefacción por parte de mis interlocutores –o, simplemente, de los sujetos pasivos de mi mirada– y ha dado pie a malentendidos simplemente jocosos, en el mejor de los casos, o abiertamente embarazosos, en el peor.

Con mis novias, por ejemplo, cuando me dirigía a ellas con las orejas gachas, compungido y, a la vez, sonriente, lo que desposeía de toda credibilidad mis palabras («¡pero si te estás tronchando!», me decían, y no era ni por asomo cierto), o con la policía de Franco, en mis años mozos, o –en cualquier sitio: los andenes del metro, los taburetes del mostrador de un bar, los sillones de skai de la sala de espera de un dentista, los divanes de terciopelo rojo de un burdel camboyano– con gentes a las que nunca había visto antes ni volvería a ver después, mosqueadas todas por mi célebre sonrisilla y convencidas, sin fundamento alguno, de que me estaba burlando de ellas.

Sí, todo eso sucede en contadas ocasiones, pero lo normal –lo habitual– es lo contrario. La sonrisa, que nunca debe ser mecánica, me ha ayudado intensa e inmensamente a lo largo de la vida, me ha abierto puertas, ha impedido que se me cerraran otras, me ha sacado muchas veces no ya las castañas, sino incluso los testículos, de toda clase de fuegos y ha sido, en definitiva, si no la única, sí la mejor y más utilizada de mis armas. Podría, inclusive, decir, sin exagerar ni cargar excesivamente la suerte, que en dos ocasiones, como mínimo, y seguro que me estoy quedando corto, la costumbre de sonreír en cualquier circunstancia, a pelo o a contrapelo, me ha salvado la vida.

Los dos lances a los que aludo fueron cosmopolitas, peregrinos (en las dos principales acepciones de la palabra), tabernarios y prostibularios. Ocurrió el primero en Manila y el segundo en Dakar. Cuando escriba mis memorias de viajero trepidante y catacaldos lo contaré todo. No es éste el lugar idóneo para descender a tan enojosos (aunque divertidos) pormenores.

En resumidas cuentas: te pido –te aconsejo–, lector, que lleves siempre la sonrisa por bandera, que nunca la arríes, que jamás pongas al mal tiempo mala cara.

Y en cuanto al otro, al que no es malo, figúrate...

Lo del teléfono y la sonrisa en la voz es detalle de ternura sin mayor importancia. Creo que lo recogí, de pasada, en uno de esos melifluos prontuarios de autoayuda que se cuecen –genuino sabor americano– en la olla de grillos de la Nueva Era o en el supermercado de sus ramificaciones. Me divirtió, me hizo –cómo no– esbozar una sonrisa y, en nombre de ella, lo recojo. No todo va a ser hamburguesa de rata, demonización de sarracenos, chulería, estúpidas bombas inteligentes, grasaza, alimentos transgénicos, refrescos químicos, televisión asilvestrada, risas enlatadas, gentes obesas, fundamentalistas de Cristo Rey y mamoncillos de las ubres de Wall Street en el *american way of life*. Hasta en Sodoma, asegura una conocidísima obra de recopilación de chascarrillos folclóricos del Próximo Oriente, cabe encontrar un Lot (aunque no, al parecer, una decena de justos).

Termino ya...

Con una pregunta: ¿sonreirá mi cadáver?

Eso espero.

Y también espero que sonrían alrededor de él, entre bromas, canutos, hongos, vinos y canciones, porque así se lo he pedido, mis gentes, mis hijos, mis nietos, mis hermanos, mis viudas, mis deudos, mis lectores, mis colaboradores, mis amigos.

Yo, ya en el éter, también lo haré.

3. No creas en nada, no creas a nadie. Verifica personalmente lo que se te dice.

El axioma vale no sólo, como estás pensando, para las paparruchas que se sacan de las puñetas los teólogos y los clérigos en el ámbito de la religión o los políticos y economistas en el de la cosa pública, sino también para lo que urbi et orbi y ex cáthedra pregonan con sibilina unción litúrgica y dogmática los hierofantes y voceros de esa nueva teocracia que es la ciencia.

Buda lo ha dicho mejor que nadie...

Andaba yo un día visitando a la hora del crepúsculo –está contado en mi novela *El camino del corazón*–[1] el único monasterio budista que existe en Bali, y quizá en toda Indonesia, cuando me llamó la atención, y allá que me fui, una especie de cartela donada por no sé qué filantrópica asociación de Singapur, rudimentariamente enmarcada e inestablemente colgada de la pared exterior de una de las dependencias del cenobio.

¿Tiene sentido –sirve para algo– volver a escribir lo que ya está escrito?

Permítaseme, pues, trasladar aquí, ce por be, lo que la cartela en cuestión decía.

Era esto:

«No creáis en nada simplemente porque lo diga la tradición, ni siquiera aunque muchas generaciones de personas nacidas en muchos lugares hayan creído en ello durante muchos siglos. No creáis en nada por el simple hecho de que muchos lo crean o finjan que lo creen. No creáis en nada sólo porque así lo hayan creído los sabios en otras épocas. No creáis en lo que vuestra propia imaginación os propone cayendo en la trampa de pensar que Dios os inspira. No creáis en lo que dicen las Sagradas Escrituras sólo porque ellas lo digan.[2]

1. Planeta, Barcelona, 1990. Hay infinidad de ediciones posteriores. El pasaje al que aludo está en el capítulo séptimo.

2. He incluido la misma cita en el frontispicio de mi *Carta de Jesús al Papa* (Planeta, Barcelona, 2001). Lo que se lee en ella constituye, a mi entender, el más riguroso método de conocimiento e investigación científica que jamás se haya formulado.

No creáis a los sacerdotes ni a ningún otro ser humano. Creed únicamente en lo que vosotros mismos habéis experimentado, verificado y aceptado después de someterlo al dictamen de la razón y a la voz de la conciencia».

Inobjetable.

Salí trastrabillando del recinto y...

Momento estelar de mi existencia: la lectura de lo que acabo de transcribir me cambió la vida, modificó mi visión del mundo y de la literatura, trastornó mi obra.

A ella me remito.

Dejé de ser de letras y pasé a ser de ciencias (de ciencias gnósticas), pero seguí siendo escritor.

O empecé a serlo del todo, hasta la empuñadura, volcándome sobre el morrillo.

¡A mi edad!

Tenía yo entonces cincuenta y dos años.

¿Confías, lector, en la prueba del carbono catorce? ¿Crees que alguna vez hubo un *big bang*? ¿Comulgas con el dato de que todos los hombres proceden de la misma cepa? ¿Elevas a tesis la hipótesis de que es un virus lo que causa el sida? ¿Estás seguro de que el hombre ha pisado la Luna?

Todas esas cuestiones, y otras mil de parecida índole, se encierran en una sola pregunta: ¿has alcanzado la edad de la razón?

Responde en conciencia.

4. Nunca te plantees problemas antes de que los problemas se planteen.

Ya he utilizado esta frase –este precepto– en el prólogo. No importa. Señal de que lo aplico, de que *me* lo aplico.

Sea como fuere, sobran los comentarios. La lógica –lo lógico– no los necesita nunca. Sería redundancia.

Si acaso, poner en guardia al lector avisándole de que a partir del preciso instante en el que nos planteamos un problema, por imaginario que en sí mismo, originariamente, fuese, el problema existe.

El sueño de la aprensión produce monstruos.

No les des cuerda.

5. Vive de día.

Tu salud, tu lucidez, tu humor, tu *ki,* tu familia, tus amigos, tus jefes, tus subordinados y tu expectativa de vida te lo agradecerán. Por eso dice el pueblo que *a quien madruga...*

Dios no existe, pero el alma sí. Será ésta, en consecuencia, quien te ayude.

Cuestión, entre otras cosas, de biorritmos. Alterarlos es alterarte, irritarte, exasperarte, sacarte de tus casillas, perder el oremus, el ángelus y el equilibrio. No vivas en permanente estado de *jet lag.* Toma, si es preciso, melatonina[1] y, en todo caso, con ella o sin ella, acuéstate cuando lo haga el sol. Estás programado para eso.

1. Hormona segregada por la glándula pineal o tercer ojo. Regula los ritmos circadianos –la relación que mantenemos con la luz y la oscuridad– y otras funciones capitales de la fisiología humana.

Sé que en Iberia –no así en el resto del mundo– casi todo quisque duerme (y, por ello, vive) a deshora. E, incluso, ese españolito del montón, en lugar de avergonzarse por su insomnio voluntario, lo tiene a gala, presume de murcielaguitis, cree que es elegante, lo airea, lo pregona, propone una poética y una filosofía de la nocturnidad.

Abrigo la convicción (y ése es el principal motivo, aunque haya otros, de que no me guste vivir en España; es agotador) de que buena parte de mis compatriotas –que no, gracias a Dios, semejantes– padece una grave y crónica falta de sueño, lo que los sume en un constante cuadro clínico de toxicidad y de ansiedad.

Eso explica, e implica, su proverbial mala leche, su pésima educación, la zafiedad de sus modales, sus gritos, su chirriante afición al insulto y a las palabras soeces, su agresividad.

¡Líbrenos el diablo de las personas mal dormidas!

Yo, desde luego, no lo estoy. Procuro –aunque no siempre, en España, lo consiga– acostarme al filo de las ocho y media de la noche y levantarme a eso de las cuatro y media de la mañana. Tan inocente y saludable costumbre, que en cualquier otro país sería de ordinaria administración, resulta, en el mío, heroica.

Y, encima, quienes bien me quieren –no todos, por fortuna– suelen echármelo en cara.

Mi forma de entender y ejercer la literatura es, a machamartillo, diurna. ¡Qué le vamos a hacer! Y eso se nota. Yo la prefiero a la nocturna.

Lector ibérico: ¿por qué no pruebas, durante cosa de un mes (menos, probablemente, no bastaría), a despertarte –y a levantarte, claro– cuando los pájaros pían en el alféizar de tu ventana?

Sólo un mes: no te pido más... ¿Es mucho para algo que puede cambiar, mejorándola, ensanchándola, equilibrándola, afinándola, tu vida?

Así fue en mi caso (lo que, desde luego, no garantiza que lo sea también en otros casos. Cada quien es un mundo).

Yo también –ya lo dije en la segunda línea de este libro– *fui* español. Luego, aunque me costó trabajo, alcancé o recuperé (si es que he tenido vidas anteriores; sospecho que es así) la cordura.

Prueba tú también. Sé que es difícil: tanto, por ejemplo, como desengancharse del tabaco.

Pero, si lo haces, te sentirás instantáneamente aliviado, reconfortado, liberado. La paz, como nos auguran los presbíteros en el transcurso de la misa, será contigo –y con tu espíritu– y, como en el bolero, si me consientes y perdonas un toque de cursilería, oirás campanas que suenan en tu corazón.

6. Duerme más de cinco horas y menos de ocho, pero no pongas nunca el despertador.

El consejo, obviamente, tiene que ver con lo anterior.

¿Te has sometido alguna vez al cuestionario que utilizan los médicos norteamericanos –quizá, también, los de otras partes– para calcular la esperanza de vida de quien lo responde?

Hazlo.

O no lo hagas, pero toma nota de que, según el susodicho cuestionario, cuyo veredicto se apoya en la estadística o, si lo prefieres, en el cálculo de probabilidades, vivirás un año menos por cada hora que duermas por encima de siete y un año más por cada hora que duermas por debajo de esa cifra, aunque sin rebasar nunca el límite inferior de cinco.

En cuanto a lo del despertador...

Creo que ya he dicho que me parece una estupidez reescribir lo escrito, sobre todo si fui yo mismo quien lo escribió. Derecho de autocita y –universal– de entrecomillado. Cedo la palabra a uno de mis libros menos leídos por el prójimo y más queridos por mí. Es *La del alba sería*[1] (primer volumen de *Mis encuentros con lo invisible*) y dice, a propósito de los despertadores, lo que sigue:

«... Esa ley de esclavitud contemporánea –la de que un engendro electrónico o de cuerda nos levante, como a los soldados, a toque de cornetín– y esa forma brutal de despertarnos, tan generalizada, constituye un atropello a la dignidad de la persona, un feroz atentado contra la salud del cuerpo y una bárbara violación de la armonía del espíritu. Ningún animal se prestaría a ello. Pero esté al tanto quien con docilidad lo haga –pensando, incluso, que cumple con su deber– de los desastres a los que se expone. Resumámoslos en uno, que los engloba a todos: esos insensatos (que son, por cierto, tan numerosos como los mosquitos en el Amazonas) se juegan la posibilidad de tener –o adquirir– y conservar, como quería el latino, una *mens sana* en un *corpore sano*. El asun-

1. Planeta, Barcelona, 1996. Acaba de salir una reedición.

to es más grave de lo que a primera vista parece. Y si lo denuncio, a riesgo de ganarme injusta fama de señorito faltón y cínico que nunca ha trabajado, es porque lo tengo que denunciar, pero –una vez dicho– añado: allá ellos si, como faquires, se empeñan en jugar con fuego, y con su pan sin sal se lo coman, porque nadie, absolutamente nadie, así viva en un campo de concentración, y ya sea pobre o rico, diligente o perezoso, asalariado o rentista, tiene que poner a la fuerza, porque no hay otro remedio, y en contra de su voluntad, el despertador. Todo eso son pamplinas. Quien recurre a ese artilugio, sépalo o no, es porque quiere, porque le da la gana, porque no sabe organizarse, porque carece de sindéresis, de imaginación, de volición y de decisión. Verdad es que muchos, casi el ciento por ciento de los habitantes de la recta final del siglo XX se ven obligados a madrugar para incorporarse a su trabajo, pero no menos cierto es que nada ni nadie, en la mayor parte de los casos, y salvo excepciones, que existen, les obliga a trasnochar. Y si lo hacen, generalmente para dedicarse a cosas tan estúpidas y dañinas como ver la televisión, papar moscas, beber güisqui o aturdirse y descoyuntarse a ritmo de rock satánico en una discoteca atiborrada de crápulas, de humo y de decibelios, insisto: allá se las compongan y se las entiendan. Sarna con gusto no pica, sabido es, pero levanta ronchas. Que se las rasquen. Ya les pasarán factura la vida y la conciencia. Al crecer, al envejecer y al morir será el reír».[1]

Fin de las comillas.

1. Op. cit., pp. 154 y 155.

Y una posdata: quien se va a la cama cuando natura lo ordena –me remito al quinto mandamiento de las tablas de mi ley– no necesita de despertador alguno.

Buenas noches.

O buenos días.

7. No fumes tabaco.

Consejo dirigido no sólo a los fumadores, sino también a quienes, no siéndolo aún, podrían llegar a serlo. Esa amenaza absurda se cierne hoy, a pesar de todo lo que ya sabemos, sobre las cabecitas locas de nuestros hijos, de nuestros nietos, de nuestros adolescentes.

Y si digo absurdo es porque me parece mentira que a estas alturas todavía haya idiotas dispuestos a inmolarse –a suicidarse sin contrapartida alguna, porque el placer de fumar es idéntico al que quizá sienta el burro que tira de la noria– inhalando tufaradas de uno de los venenos más potentes que se conocen.

¿Sabes que, según la Organización Mundial de la Salud, el setenta y cinco por ciento de las enfermedades del hombre de hoy provienen directa o indirectamente de la costumbre de fumar?

Yo no le doy mucho crédito a la institución citada ni a ningún otro organismo internacional (son, todos ellos, brazos del pulpo yanqui y de la internacional de las multinacionales), pero el porcentaje esgrimido, por mucho que lo rebajemos y lo diluyamos homeopáticamente, es como para agarrar una antorcha y pegar fuego a la tabacalera más cercana.

A la española, por ejemplo. Y no digamos a las de alcance universal.

¿Sabes que la nicotina es setenta veces más adictiva que la heroína?

Te propongo un experimento sobrecogedor: echa una colilla apagada en el trozo de césped que te pille más a mano –el de cualquier campo de fútbol, por ejemplo, así matas dos pájaros de un tiro– y comprobarás, mientras las canas se te ponen de punta, que al cabo de cierto tiempo se ha secado la hierba en un radio de treinta centímetros alrededor de ese foco abrasivo y explosivo.

¿Te estás acordando –sé que la comparación, facilona, se impone– de la pezuña del caballo de Atila?

Pues me parece muy bien: por ahí se empieza.

Y por lo menos, si no eres capaz de renunciar al más estúpido de los vicios inventados hasta ahora por la vertiente siniestra y sadomasoquista del *homo sapiens,* ten la gentileza y la nobleza de tratar a los demás miembros de esa especie como deberías tratarte a ti mismo. Vale decir (y perdona lo elemental del consejo, ya sé que estás harto de oírlo como quien oye llover): no fumes en lugares públicos ni, nunca, en las cercanías de quienes no lo hacen. Decía Bakunin que «mi libertad –la tuya, tabaquista, y la de todos– acaba donde empieza la libertad del prójimo». ¿Algo que objetar?

Por cierto: he aquí otro buen motivo para no hacer nido en España, manigua amazónica o desierto de los tártaros en el que nadie respeta ni siquiera la laxa, muy laxa –casi invisible– legislación existente al respecto. País de cafres en el que todo el mundo fuma donde le viene en gana. Hasta los otorrinos y neumólogos reciben aquí a sus pacientes con una colilla colgada de la comisura de los labios. Yo, en invierno, ya no puedo ir a cafés, a restaurantes, a tabernas... Y en verano, si carecen de terraza o antuzano, tampoco. *Ubi libertas?*

¡Y aún tienen nuestros políticos la desfachatez de proclamar a troche y moche que vivimos en un Estado de derecho!

En fin...

Pero, por lo menos, lector amigo que fumas y que no tienes contrición, atrición ni propósito de enmienda, no acuses, encima, de intolerancia –para no ser tú el intolerante, el cínico, el fascista– a quienes con timidez de perro apaleado sólo te piden que no lo hagas en su presencia. Sería esa especie de involuntaria reducción al absurdo ni más ni menos que el mundo al revés.

Porque una cosa, lector, es suicidarse –allá tú– poquito a poco y otra bien distinta asesinar con alevosía, impunidad y morosidad –la de los suplicios chinos– a quien comparte tu existencia, tu casa, tu taller, tu despacho, tu oficio, tu amistad o, sencillamente, tu vecindad.

Y quede claro que, siendo para mí el libre albedrío la más sublime y significativa propiedad de la condición humana, si me uno así a la ofensiva contra el tabaco es porque la adicción a él constituye el único ejemplo conocido de un vicio que afecta fácilmente no sólo a su usuario, sino también al que no lo practica. Y eso –perjudicar al inocente– tiene nombre: se llama terrorismo.

Una última apostilla: te suplico, porque estoy hasta el moño de escucharlo, que no me preguntes si fui fumador y dejé de serlo, si soy un arrepentido, un neófito, un converso, un renegado... Pues bien: no lo soy. Lamento decepcionarte.

Todos los fumadores, al oír mis prédicas, lo dan por hecho, y se equivocan. Verdad es que en mi adolescencia y primera juventud –la época más tonta de mi vida, de la vida, de todas las vidas– hice denodados esfuerzos para adquirir el vicio, pero nunca pude, supe ni quise tragarme el humo. Algo había en mí que lo impedía, que lo rechazaba, que me frenaba...

La salud, como el destino, también es una consecuencia del carácter.

Y si alguna vez me ves con un cigarrillo en la mano o en la boca, no me tildes de impostor. Piensa bien, y acertarás: se trata, en efecto, de un porro, de un bendito canuto de hachís o de marihuana. Lo único nocivo que hay en él es, justamente, el tabaco, pero no siempre –por motivos que ahora no vienen a cuento– cabe recurrir al *bhang* o al majún.[1] Quede, pues, reivindicativa y peleona constancia de que el *cannabis* –inhalado o engullido, pero mejor lo segundo que lo primero– me sigue pareciendo, tras siete lustros de juicioso consumo, una de las dos principales sustancias milagrosas que la naturaleza, en su infinita bondad, ha puesto a nuestra disposición.

La otra es el ácido acetil-salicílico.

Todos los meses –por no decir todas las semanas– se descubren nuevos usos terapéuticos de la aspirina y del *cannabis*.

1. Mejunjes –indio el uno y marroquí el otro– que utilizan el *cannabis* en su composición y que se mezclan con elementos sólidos o líquidos.

Y nos lo prohíben. Pero ésa es otra historia de la que ya me he ocupado, aunque no aquí, en demasía. Sigamos con el código...

8. No permitas que fumen tabaco cerca de ti.

Dañará no sólo tu cuerpo, sino también tu espíritu, tu ánima, tu ánimo. En todos, absolutamente todos los centros de transmisión de sabiduría que conozco, y conozco muchos, ya sea en Oriente, ya en Occidente, ya ortodoxos, ya heterodoxos, ya cristianos, ya paganos, está prohibido fumar (y no, desde luego, por lo mismo que lo prohíbe, a su hipócrita manera, el Capitolio).

¿Será un capricho? ¿Lo harán por chinchar? ¿Estarán equivocados *todos* los maestros, *todos* los sabios, *todos* los santos, *todos* los *boddhisatvas*?

Tú verás...

9. Bebe vino.

¿Hay que explicarlo? ¿En España? ¿En el orbe helénico, latino, pagano?

Venga, venga...

In vino, no sólo *veritas* (a veces, sólo a veces; no confundamos la verdad con la sinceridad), sino también *felicitas.* Con mesura, con compostura y, naturalmente, con tapas.

Cultiva la embriaguez sagrada, ve a Eleusis, conviértete en fauno o en bacante, deja que Dioniso y Shiva bailen en tu conciencia, pon la sonrisa del Tao en el ojo de tu mente.

10. Da a tu prójimo más de lo que espera y no esperes tú absolutamente nada a cambio.

¿Do ut des? No, no... Dar para que te den no es altruismo, no es generosidad, no es amor. Es, simplemente, comercio, trueque, inversión, negocio.

No busques rentabilidad en las cosas del querer ni en los asuntos del espíritu (la misericordia y la filantropía lo son) y recuerda –el aserto es de Alejandro Jodorowsky– que «lo que das, te lo das, y lo que no das, te lo quitas».

11. Telefonea todos los días a tu madre.

Yo, distraído y descuidado, sólo lo hacía a veces, con mezquindad, con cuentagotas, con prisas, incluso a regañadientes. Ahora está muerta.

Posdata melancólica (aunque benevolente): mis hijos –sólo uno de ellos tiene madre, por lo que yo, en cierto modo, desempeño también esa función en lo que atañe a sus hermanos– tampoco me telefonean a diario. Ni mucho menos. No se dan cuenta, seguramente, de que algún día, a solas, moriré.

12. Recuerda que el mejor amigo de un hombre es su padre.

Yo no conocí al mío –lo mataron en Burgos al comienzo de la guerra civil–, pero a pesar de ello corroboro con rotundo conocimiento de causa lo que aquí se dice.

Mi padre es ahora, en efecto, mi amigo. Me protege, me ayuda, me aconseja, me guía, e incluso, por extraño que parezca, y lo es, me da calor humano, humanísimo, cercanísimo.

¿Cómo? Por vía de relajación, visualización y aparición. No seré más explícito. Lo he contado ya en *Las fuentes del Nilo* y en *La del alba sería*. A esas dos obras me remito.[1]

La frase, por cierto, es de Simenon, pero debería ser patrimonio –nunca mejor dicho: *patrimonio* viene de *padre*– de la humanidad.

13. Desconfía de tus hijos, pero procura que ellos confíen en tí.

Supongo que el consejo, dicho así, de sopetón y sin vaselina, sorprenderá a más de uno (y, sobre todo, a más de una. La maternidad suele ser más fundamentalista y, por ello, más crédula y bien pensada que la paternidad). Pero tranquilícense las timoratas, porque no ha lugar a escándalo.

Lo que grosso modo, sólo grosso modo, quiero dar a entender con tan peregrina admonición es que la actitud de los hijos hacia los padres no suele ser ni tiene por qué ser idéntica a la actitud de los padres hacia los hijos. La reciprocidad puede existir y, de hecho, a veces, en casos extremos de renuncia y abnegación (casi siempre de origen freudiano y más o menos psicopatológico) existe, pero no es fruto mecánico ni, por ello, habitual, de las circunstancias familiares.

1. Planeta, Barcelona, 1986 y 1996. Hay ediciones posteriores de ambos libros.

Querer a los hijos –por lo menos hasta que alcancen la edad adulta– es ley de la naturaleza; querer a los padres es, gústenos o no, secuela de la historia.

Y eso marca. No creo que los neandertales respetaran el cuarto mandamiento. Tampoco lo hacen los chimpancés.

El hijo, antes o después, piensa a su arbitrio, vuela por su cuenta y se independiza (aunque dejará de ser lo uno y de hacer lo otro cuando se convierta en padre). Los progenitores, en cambio, no, y ni siquiera recuperarán por completo la autonomía de entendimiento, sentimiento y voluntad cuando los hijos se marchen de casa.

La muerte de un hijo –supongo– mata a quienes lo engendraron, pero los hijos siguen vivos, y bien vivos, cuando los autores de sus días mueren.

Y eso, por desgracia, no es en mi caso suposición, sino certeza nacida de la verificación. Ya he dicho que no conocí a mi padre.

En resumen: conviene desconfiar a priori –sólo a priori, porque a posteriori no suele ser necesario– de los hijos exactamente por las mismas razones por las que hay que desconfiar *siempre,* hasta que la fuerza de los hechos no nos lleve a la actitud contraria, de todo el mundo.

–*¿De todo el mundo?* ¿Así, a rajatabla, como suena?

–*De todo el mundo*. Me ratifico.

–En ese caso, señor Dragó, también deberíamos desconfiar de nuestros padres. ¿O no? Seamos consecuentes.

–En teoría, sí; en la práctica, yo no lo aconsejo. La posibilidad de que también los padres salgan rana existe, pero es remotísima, infinitesimal, estadísticamente despreciable. Podemos, sí, desconfiar de nuestros progenitores, pero sólo después de que hayan defraudado adrede, grave y repetidamente nuestra confianza en ellos.

–*Così è?*

–*È così.*

Una vez dicho esto, quede, sin embargo, gozosa (para mí) y tajante constancia de que confío plenamente, al ciento por ciento, sin una sola fisura, sin ningún interrogante, en mis tres hijos. A posteriori, claro. He tenido suerte... ¿O será *karma*?

Mío y de ellos. Todo lo humano, según el maestro Jodorowsky, se juega y se libra en la enmarañada órbita del propio árbol genealógico.[1]

Sea como fuere, la personalidad de mis hijos, sus respectivas conductas y la evidencia del cariño que nos profesamos me han llevado a confiar ciegamente en ellos. ¡Alá es grande!

14. No juzgues a las personas por sus parientes.

Matizo: observar a éstos te ayudará a entender a aquéllas –por lo del *árbol genealógico* y, además, por otros determinismos genéticos y cromosómicos–, pero no es lo mismo *ser como* que *parecerse a*.

Dale, en lo relativo al prójimo, un poquito de cancha a su libre albedrío. Concédeles el beneficio de la presunción de inocencia.

1. Lean –es otro buen consejo– *La danza de la realidad* (Ed. Siruela, Madrid, 2001), *autobiografía imaginaria*, aunque *no ficticia*, del autor citado.

Nos ramificamos, nos diversificamos. Todo el mundo puede y debe imitar en mayor o menor medida, según su *dharma* y su *karma,* a Prometeo.

Cierto es que, a la larga, tu marido irá pareciéndose a su padre y tu esposa a su madre, pero cuando eso suceda tú también te parecerás –según seas lectora o lector– a tu madre o a tu padre.

Y, en todo caso, poco te importará ya ese parecido. Para entonces, si no eres una rara avis, y aun siéndolo, tu matrimonio será rutina. Quizá agradable y afectuosa, pero rutina. El amor eterno, si es pasional, dura entre dos días y cinco años. ¡Figúrate el que no es eterno!

Lo siento. *È così,* y no se hable más.

15. No digas nunca *te amo* sin que sea verdad.

Mentir es siempre un error vital y un horror moral, aunque a veces quepa esgrimir circunstancias atenuantes e inclusive eximentes, pero lo es –horror y error– mucho más cuando en la mentira media abuso de confianza. ¡Es tan fácil engañar a cualquier hijo o hija de vecino manejando ese verbo!

Ten por seguro que, si lo haces, pagarás por ello... Mucho o poco –depende de la dimensión del agravio– y más pronto o más tarde, pero lo pagarás.

No te endeudes. Evitarlo también es fácil.

16. No ames apasionadamente. La pasión, sea cual sea su objeto, es una enfermedad grave.

Tanto y con tanta pasión, paradójicamente, tendría que escribir sobre este asunto –uno de los grandes temas de nuestro tiempo y de los tiempos que, en el orbe occidental, nos precedieron– que mejor será dejarlo. No puedo convertir este libro, breve por definición, en un mamotreto de mil páginas. Voy ya más que sobrado. Tengo que empezar a reprimirme.

Diré, con todo, unas palabras... Concisas, si es posible.

La pasión es egoísta, es posesiva, es exclusiva, exige reciprocidad, espera compensación, demanda retribución. Y cuando eso no sucede, porque la persona amada se niega a doblar la rodilla y a dejar de ser sujeto para convertirse en objeto, el amor se transforma en odio.

Lo es ya, en potencia, desde el principio.

Recordemos la décima norma de mi código: dar mucho sin esperar nada a cambio. Lo contrario, pues, de lo que aquí denuncio. Nunca puede el amor pasional ser desinteresado.

Todo esto –la confusión reinante al respecto en el mundo occidental, exportada ya al oriental por el cine, por las novelas, por las series de televisión y por la inclinación al mimetismo consustancial a los seres humanos– se remonta a los siglos doce, trece y, acaso, catorce. Fue a la sazón cuando el mito de Tristán e Iseo, protagonistas ambos de un amor que llevaba, literalmente (lo dice el juglar, lo subrayan los mitólogos), *esencias de muerte,* desbordó el recinto iniciático del que nunca debería haber salido y fue trasvasado por los trovadores provenzales y, luego, por los poetas del *dolce stil nuovo* a los seres corrientes y molientes, que carecían de la preparación y de la delicadeza o *esprit de finesse* necesarias para manejar bombas atómicas sin que les estallaran en las manos. Luego vino el romanticismo sentimentaloide y sensiblero –tan omnipresente y prepotente hoy en las novelas, en las películas, en los culebrones, en la prensa de papel cuché– y lo acabó de enredar.

¿Resultado? A la vista lo tenemos: no hay comedia más trágica ni más generalizada en nuestro tiempo que la de la pareja. Medio mundo, por culpa del amor pasional, odia al otro medio. Que si separaciones y divorcios, que si chantajes y venganzas, que si malos tratos, que si acosos y expolios, que si madres solteras, que si...

Y los hijos, mientras tanto, entre dos fuegos. La depresión, que es el mal del siglo, agazapada, los espera.

No podemos seguir así. Las calderas de la vida privada están a punto de reventar. Y cuando revienta lo privado, revienta también lo público. Denis de Rougemont, en su celebérrima obra *El amor y Occidente,* llega, incluso, a explicar o a intentar explicar el estallido de las guerras mundiales en función de las tensiones (¡y *pasiones*!) existentes en el seno de la pareja.

No diré mucho más. A la obra citada, que es un clásico, me remito. Hay numerosas ediciones en lengua castellana.[1]

Yo no quiero ser Tristán –el nombre lo dice todo– ni, caso de haber nacido mujer, querría parecerme a Iseo. Cuando alguien se enamora de mí, me asusto y salgo corriendo.

1. La última, de 2002, es de Kairós.

Al revés, no, es imposible, porque yo no me enamoro ya de nadie. No estoy en venta. Y ni siquiera estoy seguro de haberme enamorado alguna vez, por más que hasta hace cosa de tres lustros creyese lo contrario.

¿Por qué dos buenas personas –un varón, una mujer– se transforman en dos perfectos hijos de puta –el uno para la otra, la otra para el uno– en un tercio, como mínimo, y sé que me estoy quedando muy, pero que muy corto, de las relaciones conyugales?

Conyugales o extraconyugales, tanto monta... Lo que cuenta es la pasión.

Y detrás de la pasión, indefectiblemente, con pasito quedo al principio y fragor de trombones al final, llegan los celos: el mayor monstruo del mundo.

Sé que mis palabras son inútiles: nadie las escuchará. Al contrario: sorprenderán, en un primer momento, y luego me las echarán en cara. La pasión, en Occidente, siempre ha tenido buena prensa. Y ahora más que nunca.

Así nos va.

Tengo, sin embargo, el deber de insistir un poco, de adelantar el pie, de cargar la suerte, de comunicar a los hombres y mujeres de mi entorno –¡a mis lectores, vaya!– que la pasión es absolutamente incompatible con la sabiduría y, por ello, con la felicidad.

Lo primero que desde hace ya muchas lunas pido y aconsejo a las mujeres, cuando nuestros caminos se cruzan y el *sex appeal* amaga, es que, por su bien, por mi bien y por el bien de todos, no se enamoren de mí.

Y, por último, para refrendar lo dicho con una miaja de saludable recochineo, recuerde el lector que las bellas durmientes terminan poniéndose rulos para ir a la cama y recuerde la lectora que los príncipes azules se visten de paisano todas las mañanas para ir a la oficina.

¿O no?

17. No confundas el sexo con el amor.

Muy pocas mujeres lo hacen, aunque alguna hay en esta época de mimetismos contra natura, pero son, en cambio, muchos los varones que se dejan engañar por una pasajera descarga de testosterona. Yo mismo he caído más de una vez en tan burda emboscada de la naturaleza y por eso, lector, lo digo, por eso sé lo que me digo, por eso te pongo en guardia y me atrevo a pedirte –con franqueza descarnada, deslenguada, casi brutal– que nunca hables de amor con la verga tiesa. Espera a correrte, a desahogarte, a vaciarte de testosterona antes de hacerlo. Lo que te sugiero es, en definitiva, algo muy semejante al sobadísimo recurso de contar hasta diez, o en algunos casos particularmente difíciles hasta cien, antes de expresar una opinión o de tomar una decisión.

Las consecuencias del despiste al que este mandamiento se refiere pueden y suelen ser verdaderamente graves, por no decir funestas. Permíteme que insista: lo sé, lo he vivido, lo he padecido...

Y lo que es peor: también lo han padecido algunas de mis compañeras de juegos eróticos, exclusivamente eróticos. E incluso, aunque por fortuna en muy contadas ocasiones, los círculos concéntricos de tan mecánica y, por ello, estúpida confusión han alcanzado e involucrado a nuestros respectivos entornos familiares. Me rechinan los dientes al pensarlo. El sexo, que es un fin en sí mismo y no un cauce por el que bogar hacia otros puertos, puede ser –cuando se desborda, cuando se sale de madre, cuando inunda los campos vecinos– un truculento y formidable demonio, una alimaña carroñera, un...

Acuda quien por curiosidad o por morbo desee conocer otros datos personales –personalísimos; más, imposible– al texto titulado *De cómo llegué a ser doctor en ciencias de la paternidad (Culebrón en tres actos)* e incluido en el volumen *Ser hombre*.[1] Cuento ahí, entre otras cosas y lances, cómo por culpa del sexo, y sólo del sexo, se vino fragorosamente abajo en un determinado y delicadísimo momento de mi vida todo lo que al socaire de muchos años, con paciencia, con perseverancia, con ilusión, con honradez y nadando contra corriente, había construido. Fue, sin duda, el episodio más dramático y doloroso en lo que hasta aquel instante había sido el curso de mi existencia.

Y lo sigue siendo muchos años después: *La prueba del laberinto*.[2] Aún estoy sujeto a ella, aún ando metido en él, aún no me he recuperado del todo.

El sexo sin amor es bueno, el amor sin sexo también lo es y el sexo con amor (o el amor con sexo, hay un matiz) es magnífico, la repera, el recojostio, un trallazo. Pero el sexo no es amor ni el amor es sexo. No te embarulles, no confundas las funciones y pulsiones fisiológicas con las virtudes y facultades del alma.

Perdona que vuelva a ser tan agorero como lo fui en el decimoquinto mandamiento de este código: si lo haces, si crees que el

1. Varios autores, ed. de Pepa Roma.
2. Título –no casual– de la novela con la que en 1992 gané el Premio Planeta.

encoñamiento, por pasiva o por activa, es amor, átate los machos y aténte a las consecuencias.

18. No confundas el amor con el sexo.

O la otra cara de la misma moneda.

¿Elemental? Cuidado: que lo parezca no quiere decir que lo sea. Ya dije que esa semejanza esconde un matiz.

Veamos: ¿puede un hombre enamorarse de una mujer que físicamente no le atraiga?

Sí, puede.

¿Puede una mujer enamorarse de un hombre que no la excite?

Sí, puede.

De hecho, las mujeres –más nobles que nosotros en eso y en otras cosas– antes se enamoran de una cabeza o de un corazón que de unos glúteos. Los varones, no. Los varones, por culpa de la endiablada y pendenciera testosterona –ruego a las feministas de guardia que la tengan presente– y de nuestra ridícula (aunque difícilmente refrenable) tendencia al pavoneo y al galleo, nos encandilamos al principio con los glúteos y después, si acaso, descubrimos el corazón y la cabeza.

Así las cosas, y a pesar de lo dicho, reconozco que en la mayor parte de los casos, para bien o para mal, el amor entraña sexo, genera libido, termina en la cama... A lo único a lo que con este decimoséptimo mandamiento apunto es a mi convicción –nacida de la experiencia ajena y también de la propia– de que no siempre ocurre eso y de que, cuando no ocurre, el mundo y la vida siguen. No te sientas desconcertado ni –menos aún– avergonzado, no lo vivas como una catástrofe, no te creas un perro verde ni un simio loco. Es algo que, en mayor o menor medida, le puede pasar a cualquiera. Y si te pasa, acéptalo, aprovéchalo, sácale fruto. Los matrimonios en blanco son a veces, en contra de lo que los psicólogos en general y los sexólogos en particular nos dicen, y de lo que muchas personas del común dan bobalicona y fideísticamente por cierto, los que mejor funcionan, los que menos conflictos padecen. La cópula, en lo que atañe a los seres humanos, capaces siempre de sublimar, no es o no debería ser nunca una imposición, sino una opción.

Decide, y a ello.

19. No confundas la fidelidad con el amor.

De lo dicho en el capitulillo anterior, aunque no sólo de ello, se desprende este nuevo aviso... Pienso yo que algo tendrán que hacer, en buena lógica, extramuros de la pareja las parejas que intramuros no hagan el amor.

Y también, pasando a otro orden de cosas y de circunstancias, las que, habiéndolo hecho, hayan dejado de hacerlo.

Y también las que, haciéndolo, no se queden satisfechas.

Y también las que, por más que se esfuercen, lo hagan mal. Ocurre.

Y también las que, al hacerlo, fantaseen con otras mujeres o con otros hombres. Abundan.

Y también, por último, las que debido a su carácter, a sus inclinaciones, a la naturaleza de sus tentaciones, no quieran comer pollo industrial ni tampoco angulas a la bilbaína todos los días. En su derecho están. Es mi caso.

Confundir la fidelidad con el amor equivale a confundir la lealtad con la fidelidad. Y eso, amiguitos, sí que es grave.

No seas frívolo, no seas posesivo, no seas ñoño, no busques para disfrazar tu inseguridad la coartada de la moralina. No encierres nunca a tu pareja –ni a ti mismo– en una jaula. Vuela tú, procurando que el vuelo no te lleve demasiado lejos para no perderte a la hora del retorno, y deja que tus amantes –pasados o no por la vicaría civil o religiosa– vuelen.

Vale decir (y perdona la crudeza; estamos entre adultos, ¿no?): folla lo que te venga en gana y no impidas que tu pareja haga exactamente lo mismo, si lo desea. No temblará por ello el mundo ni se hundirá *tu* mundo. Al contrario: un poderoso sentimiento de liberación deflagrará en tu pecho. Aprenderás –descubrirás– muchas cosas sorprendentes acerca de ti y del prójimo. La experiencia, te lo aseguro, será estimulante, en cualquier caso, y será también, si acallas el injustificado remordimiento y no sofocas la luz de la evidencia, altamente excitante. Para mí, desde luego, lo es, lo ha sido siempre desde que alcancé en lo relativo al sexo la edad de la razón. No me gustan las mujeres pacatas. Prefiero las libertinas y hago míos los versos de uno de los más hermosos poemas de amor que han llegado a mis pupilas y a mis oídos.[1] Su última estrofa dice: «Libre te quiero, / pero no mía, / pero no mía, / ni de Dios, / ni de nadie, / ni tuya siquiera».

1. El poema es de Agustín García Calvo, pero el cantante leonés Amancio Prada le ha puesto voz y música.

¡Olé!

Y si me escuchas, si me concedes crédito, si apuestas y arriesgas, si por fin, venciendo los prejuicios que la sociedad judeocristiana te ha inculcado, tronchas los barrotes de la jaula de la mojigatería y rompes el vuelo al que un par de párrafos atrás hice referencia, no te preocupes por ello, no te atormentes, no te sientas culpable de nada, no entres al negro trapo de la Iglesia ni de la moral dominante y opresora que de su lóbrego catecismo se desprende. He ahí el origen de todas nuestras represiones. Sublévate, transgrede, sé pagano y alejandrino, sé gnóstico y cátaro, sé renacentista, predica y practica la libertad de costumbres, no humilles la cerviz, no permitas que la clerigalla y sus acólitos civiles –las *autoridades*, oh, y demás ralea– te lleven al cementerio del puritanismo. Lo normal en nuestra especie, biológicamente hablando, no es la cabeceante rutina de la monogamia, sino la alegre, inocente y siempre deslumbrante certidumbre –dionisíaca, pánica, shivaíta– de la promiscuidad. Disfruta de ella, aprende de ella, enséñala a los tuyos y al resto de las gentes. Estamos aquí para eso, sólo para eso: para aprender y enseñar, para disfrutar (cuando sea justo, lógico y hacedero; no siempre, por desgracia, lo es) y, sobre todo, sobre todo, sobre todo, para crecer.

20. No confundas el matrimonio con el amor. Si lo haces te quedarás sin matrimonio y sin amor.

Uno de los mayores y más perniciosos delirios (y delitos) de la Iglesia –me refiero, naturalmente, a la cristiana. ¿Cuál si no? No existe ninguna otra– es el de haber elevado el matrimonio, muy tardíamente, en la baja Edad Media, a la categoría y dignidad de sacramento, refrendada luego en el Concilio de Trento por el vendaval integrista de la Contrarreforma. Llevémonos las manos a la cabeza y exclamemos, con ojos de espanto, *qué barbaridad,* habida cuenta de que siempre lo es –barbaridad– confundir lo sagrado con lo profano. Y viceversa.

El matrimonio, que en mi opinión no debería existir, es un rito (por lo general estúpido y hortera; hay excepciones: la de Bali, verbigracia), una mala costumbre, una convención, una inversión financiera y, en el mejor de los casos, un pacto social, un acuerdo *inter pares* para crear una familia, compartir un estilo de vida, educar a la descendencia, matar el tiempo, cubrir gastos, poner en fuga al fantasma de la soledad y envejecer con serenidad y tranquilidad. El resto –toda la superestructura burocrática, emotiva y represiva levantada en torno a la institución matrimonial– es una simple, aunque nauseabunda, estrategia de sujeción encaminada a conseguir que tiren más de los seres humanos las carretas que las tetas.

¡Vano intento! Mire quien lo dude a su alrededor. Un toro de lidia (o una vaca brava) no se transforma en buey sólo porque le planten un yugo en la nuca o le cuelguen un cencerro en el papo. No, no. Antes hay que castrarlo. Sic. *Castrarlo,* he dicho. De eso, justamente, se trata.

Procura –dicen en China– tener una esposa fea, pero inteligente, y una amante guapa, pero tonta. Eso es llamar al pan, pan, a las témporas, témporas, y al culo, culo. Los chinos –valga la broma y el retruécano– no se casan con nadie.

Y en cuanto a ti, lector, lectora, no te me subleves, por favor. Ya sé que tan inverecunda recomendación levanta ronchas en la delicadísima piel de los ciudadanos occidentales y políticamente correctos, pero el consejo –que tiene, como todo lo chino, su busilis y su rebotica– lo es sólo a título de metáfora y por vía de paradoja.

Supongo, además, que el espíritu del dictamen, aunque no su desbocada letra, se mantiene si invertimos sus términos y lo aplicamos –saliendo del ámbito de la misógina cultura china– a los maridos y a los queridos.

Daría todo este embrollo, ciertamente, para mucho más, pero tengo que contener mis ímpetus. Añado sólo que la confusión entre las razones matrimoniales de la razón y las sinrazones sentimentales de la pasión me parece gravísima. Véase al respecto lo que hace muy pocas páginas dije en la glosa añadida a mi decimosexto mandamiento. Se trata, desdichadamente, de una ecuación fatal y a menudo, inclusive, letal: la pasión –que es siempre posesiva, maximalista y fundamentalista– conduce a la decepción, la decepción genera rencor, el rencor justifica –a los ojos de quien lo padece– la agresión, y la agresión...

No caigas en ese círculo vicioso, no permitas que el sentimiento derive a resentimiento, no muerdas el anzuelo de la pasión, sé consciente de que sin ella –como su propio nombre indica– no podrían existir los llamados (y bien llamados) crímenes *pasionales*...

Respeta a tu cónyuge: quiérelo (o quiérela), pero no lo ames. No lo ames –claro– apasionadamente. *Querer* y *amar* son, entre nosotros, los occidentales, verbos equívocos y, por ello, altamente peligrosos.

Casarse es o debería ser, por definición, aunque sin imposición ni sacramentalidad, para toda la vida. El resto son amoríos.

21. El coito es para la mujer más importante que para el varón. Actúe cada cual en consecuencia.

No voy a molestarme en demostrar la primera parte de este aserto. ¡Me parece tan evidente!

Aduciré sólo, para ilustrar mi convicción, que la mujer tiene más fuerza sexual que el hombre y no pierde energía biológica al correrse (aunque sí al ovular), que los orgasmos femeninos son mucho más frecuentes e intensos que los masculinos, y que el varón, de momento, porque los biólogos se han vuelto locos y ya andan persiguiendo lo contrario, aún no puede quedarse encinta.

Etcétera.

Y, por añadidura, donde hay una mujer puede haber un hogar. Donde hay, en cambio, un varón, excepciones aparte, sólo hay un cazador, un labrador, un guerrero, un ingeniero, un nómada o, poniéndonos en lo peor, un funcionario.

En cuanto a la segunda parte del precepto, parece lógico pensar –pero haga cada quien de su lencería un sayo– que las mujeres deberían ser algo menos frívolas y algo más responsables o cautelosas que los varones en todo lo que a la cópula por la cópula se refiere.

Siempre, en casi todas partes, ha sido así. Ahora, en algunos sitios, ya no lo es. En España, por ejemplo. Son, aquí, las chicas quienes empuñan el mando y se nos llevan al catre. Me reservo la opinión. Habrá que esperar unos años –yo ya estaré en la huesa– para ver lo que de ese planteamiento subversivo se deriva.

22. No seas homosexual ni heterosexual. Sé pansexual.

Los occidentales, últimamente, han descubierto algo que los orientales –y los paganos– ya sabían: dentro de cada varón alienta una mujer, dentro de cada mujer alienta un varón. *Yang* y *yin*. La sexualidad es siempre, y simultáneamente, bipolar, aunque a menudo, errando, quiera dejar de serlo. No te mutiles.

23. No seas varón ni mujer. Sé andrógino.

O lo que es igual: funde en uno los dos hemisferios de tu cerebro, unifícate, borra la línea sinusoidal que separa el *yang* del *yin*.

Decía Antonio Machado en un poemilla de intención filosófica y sabor orientalizante que suelo citar a menudo: «Busca a tu complementario / que marcha siempre contigo / y quiere ser tu contrario».

Los alquimistas, tan certeros o intuitivos como de costumbre, ya hablaban de la *coincidentia oppositorum*. Es el círculo que se cierra, la *síntesis* hegeliana, el *ouróboros*, el dragón –¿yo?– que se muerde la cola.

Teseo tiene que enfrentarse al Minotauro –su monstruo interior– abriéndose camino por entre las trochas, curvas, callejones, asechanzas y dilemas de la vida. El verdadero laberinto no está fuera de él, en el micromundo exterior, que es ilusorio (*mâyâ*,[1] dicen los hindúes), sino en su macromundo interior, cuyo punto focal y soporte material es el cerebro. Éste, de hecho, tiene forma de laberinto, y por eso, seguramente, su representación gráfica –que dará pie al símbolo de la esvástica dextrógira[2] y se repetirá con insistencia en los espacios sacramentales de todas las culturas, menos la judía– es el arquetipo de alcance cuasi universal más antiguo y poderoso que se conoce.

El héroe citado, para salir airoso de esa prueba –llegar al centro del laberinto, del universo, de su yo profundo, de su mismidad, dar muerte al ogro y regresar (en la versión helénica; no así en la egipcia) al mundo exterior– tiene que llevar en una mano la espada –que es fálica, que es convexa, que es viril, que es *yang*– y en la otra mano el hilo de Ariadna, que es femenino, que es húmedo, que es cóncavo, que es *yin*.

De ese modo, disolviendo la bipolaridad a la que me referí en la breve apostilla al mandamiento anterior y unificando, como he dicho en éste, los dos hemisferios cerebrales,[3] Teseo deja de ser unívocamente macho, Ariadna deja de ser unívocamente hembra y,

1. Término que, literalmente, significa «medición, creación o despliegue de formas, cualquier ilusión o engaño de la vista» (E. Gallud Jardiel, op. cit., p. 244) y, añado yo, de cualquier otro sentido. «Esta percepción de diversidad la produce la ignorancia, pues la realidad es sólo una.»

2. La levógira es la de Hitler, que se apoderó *pro domo sua* de ese símbolo y con él embaucó a las muchedumbres arias, pero no a las semíticas.

3. El izquierdo, que predomina en el varón, es analítico, lógico, racional, abstracto, repetitivo, científico, numérico... El derecho, que predomina en la mujer, es sintético, intuitivo, emotivo, creativo, innovador, concreto, artístico...

mientras se desvanece su respectiva animalidad, surge en ellos el Andrógino, la criatura parsifálica y completa que ya no está escindida, que ya no es ni naturaleza ni historia, que ya sólo es ser humano.

Y termina, entre otras cosas, la guerra de los sexos.

¿Fácil de decir, sencillo de escuchar, difícil de hacer? Seguro, lector, que te estás preguntando –yo también lo haría si lo oyese por primera vez– cómo diantre se alcanza la unificación e iluminación que muy sucintamente acabo de describir.

El asunto –lo reconozco– tiene su intríngulis y no es, por así decir, de ordinaria administración. El mejor camino que conozco –hablo de mí; no hay recetas universales, todas son individuales– para solventarlo es el del Tantra, el del Tao, el de la *sexualidad sagrada* (asignatura pendiente, y muy difícil de aprobar, en el contexto del judeocristianismo). No puedo explayarme aquí en lo tocante a tan hirsuto y, en efecto, *laberíntico* problema. Algún día, en otro libro, dedicaré a éste la atención que merece. De momento, al tresbolillo, he dado ya ciertas pistas vagamente autobiográficas. Búsquelas, si le place, el lector en *Las fuentes del Nilo*,[1] *La prueba del laberinto*,[2] *La del alba sería*[3] y *Carta de Jesús al Papa*.[4]

Son –no lo oculto; están publicados– pasajes íntimos y escabrosos. Chitón.

1. pp. 68 a 71.
2. pp. 304 a 311.
3. pp. 187 a 194.
4. pp. 175 a 184 y 226 a 234.

24. No tengas celos. Recuerda que nadie pertenece a nadie.

Ya he dicho cuanto tenía que decir al respecto. Reléase, si fuese necesario, lo escrito al pie de los mandamientos decimosexto, decimonoveno y vigésimo segundo.

25. Añora, reivindica y practica la libertad de costumbres.

Yo ya lo he hecho en el curso de este libro: añorarla y reivindicarla.[1] Lo tercero –practicarla, aplicármela, aplicársela a los míos– es cosa que hago constantemente, aunque sea al precio de quebrantar las leyes, en la esfera de lo privado.

No des por bueno el embuste de que vivimos, por milagrera obra de la santísima democracia, en un régimen de libertades. Todo lo contrario: nunca han sido los hombres menos libres que ahora.

Disfrutamos, eso sí, de grandiosas libertades genéricas y abstractas: la de expresión, la de asociación, la de reunión, la de credo, la de... ¡Caramba! No recuerdo ninguna otra. ¡Qué raro!

Y eso es todo.

Lo es –puntualizo– en el mundo occidental, allí donde la democracia se inscribe en el marco genérico del judeocristianismo y de lo que Erich Fromm llamó en su día *miedo a la libertad*. No así en otros países, también teóricamente democráticos, pero en los que el veneno bíblico del pecado original y de la culpabilidad congéni-

1. Vid. p. 77.

ta de todos los seres humanos no circula por las venas, artículos y cláusulas de sus respectivas constituciones.

Incesante es en los supuestos *regímenes de libertades* la actividad legislativa. Los parlamentos son máquinas insignes que devoran la sociedad y nos la devuelven –la vomitan, ¡vaya!– transformada en leyes. En cientos de leyes, en miles de leyes, en millones de leyes: con prisa y sin pausa, una detrás de otra, hasta el infinito, hasta que no quede –dicen– ningún *vacío legal*, hasta que la legislación –el Gran Hermano– lo llene todo, nuble el cielo, cubra el horizonte, no deje ni un solo resquicio a la creatividad, a la espontaneidad, a la ambigüedad, a la invención, a la interpretación, a la libertad, a la improvisación...

A la libertad.

Pronto habrá que presentar una instancia en la ventanilla correspondiente para poder sonarnos los mocos o «asustar a una monja con un lirio cortado».[1]

Control, control, control: ésa es la única consigna.

Pero no la llaman así. La llaman, cínicamente, *Estado de derecho*.

Cuentan que en Italia disponen ya de trescientas mil leyes vigentes. Yo no me lo creo –son demasiadas, no caben en la cabeza ni en los códigos–, pero sí estoy convencido de que tarde o temprano, y *urbi et orbi*, no sólo en el país del papa, alcanzaremos por doquier esa cifra.

En Atapuerca todo era *vacío legal*. Por eso los neandertales llegaron a ser cromañones. De haber existido en aquella brava época un parlamento aún gruñiríamos, aún viviríamos a la intemperie, aún andaríamos a cuatro patas.

1. Pablo Neruda, *Residencia en la tierra*.

Me ahogo aquí. Detesto España, detesto Europa, detesto Estados Unidos. Sólo vuelvo a respirar –relativamente, muy relativamente, porque en todas partes se cuecen ya las mismas habas y liberticidios– cuando atravieso, rumbo a Levante, el Bósforo o cuando me adentro en el África tenebrosa.

Allí también hay leyes, pero muchas menos, y –además– no se respetan ni se aplican con la vesania y la eficacia vigentes entre nosotros. Lo que prevalece fuera del ámbito judeocristiano es, todavía, la costumbre. Y ella sí que me ampara.

Lo que busco, en definitiva, para sentirme más libre no es el Tercer Mundo, sino el mundo antiguo. Pero sucede que éste sólo sobrevive, hasta cierto punto, en aquél.

Ahí tienes, lector, la explicación –o, por lo menos, una de las claves– de mi orientalismo, de mi africanismo, de mi cosmopolitismo, de mi exotismo, de mi continua *peregrinación a las fuentes,* arroyo claro de la libertad.[1]

¿Te llamarás a escándalo si digo aquí, en letras de molde, en caracteres de imprenta, en negro sobre blanco, que me gustan los países corruptos en los que todo se arregla deslizando un billete de diez dólares en el bolsillo del policía o chupatintas de turno? Y si son veinte, tampoco pasa nada. Gajes de la inflación.

Pues ve escandalizándote, porque así es.

Me importan un rábano las libertades abstractas. Lo que quiero, lo que pesa en mi vida y en la de todo el mundo, lo que nos hace felices, y humanos, humanos y felices, son las libertades concretas.

1. Metáfora procedente de Blas de Otero, *Pido la paz y la palabra*.

¿Por qué, verbigracia, tengo que esconderme para fumar un canuto? ¿Por qué me obligan a ponerme cinturón de seguridad en los coches si a nadie, fuera de mí mismo, perjudico llevándolo desabrochado? ¿Por qué los poderes públicos utilizan mi dinero –y el tuyo, lector– para endilgarme sermones que ni deseo ni acato desde el púlpito de las odiosas y contraproducentes campañas institucionales de publicidad? ¿Por qué el Colegio de Médicos me constriñe a comprar melatonina en el mercado negro o a importarla de países donde no existe –o no pesa tanto– esa mafia? ¿Por qué tengo que sobornar a un arquitecto recabando su firma, y nada más que su firma (el peritaje es cuento), para que el alcalde de turno, siempre previo pago, me autorice a derribar una pared de mampostería o a cubrir una azotea en la casa donde vivo?

En el principio fue la libertad de costumbres. Así, por ejemplo, el paganismo. Luego llegó Roma y...

La Roma cristiana, claro, no la pagana.

Hoy, la deliciosa criadita que me espabiló[1] –ahí va un beso muy fuerte, Lola– cuando yo tenía cosa de catorce o quince años y ella aún no había cumplido los diecinueve –¡horror! ¡Sexo infantil! ¡Llamen al 092! ¡Avisen a los jueces!– estaría en la cárcel.

Y yo, melancólicamente, le enviaría bocadillos, me masturbaría pensando en ella y pagaría su fianza.

El noventa y nueve por ciento de las leyes sobra. Cuenten conmigo para saltárnoslas a la torera sin hacer nunca daño a nadie.

¡Socorro!

1. He contado por lo menudo la historia de esa iniciación, que fue maravillosa y determinante para mí, no sé para ella, en la novela *Las fuentes del Nilo*, pp. 151 a 248.

26. Y, sin embargo, recuerda que tu libertad termina donde empieza la libertad del prójimo.

Ya he hecho uso, en este libro, de esa frase.[1] Dicen que la dijo Bakunin, pero digo yo que cualquier persona sensata, decente e inteligente podría haberla dicho.

¿Por qué el Estado no se la aplica? ¿Por qué su discutible y abusivo concepto de la libertad invade el ámbito de nuestra vida privada?

Quieren salvarnos... Es decir: nos desprecian.

Nos desprecian y, quizá, nos odian. El político es un lobo para el ciudadano.

27. Sé desconfiado y astuto, no bajes la guardia, no te creas el cuento democrático de que la libertad de impresión es libertad de expresión.

Consejo éste dirigido, en línea recta, a los escritores, a los filósofos, a los periodistas, a los políticos (víctimas por una vez de sus propias trapisondas: el que a hierro hiere...) y, en general, a cuantos tienen que –o se atreven a– emitir opiniones en público.

Sócrates cayó en esa trampa.

Lo es: la censura a posteriori –en ella andamos, atizada por el cainismo y canibalismo de las ideologías, por la permanente demagogia de la desleal oposición (cualquiera que sea su color), por

1. Vid. p. 67.

el servilismo y santurronería de los chicos de la prensa (esos chivatos), por la peste de la corrección política y, en España, por la práctica violenta del deporte de la envidia– resulta infinitamente peor que la tradicional censura a priori.

Es más artera, más fullera y más dañina.

Punto en boca. Sólo hablaré delante de mi abogado. Decir lo que pienso –ser más explícito– me traería problemas. De los escarmentados...

No me gustan las infusiones de cicuta.

28. No escuches nunca lo que dicen de ti ni, si te enteras, te inquietes por ello.

Ya lo dijo Lope: el vulgo es necio. Y las clases altas, no digamos.

¿Que hablen de uno, aunque sea bien? No, no... Mejor pasar inadvertido.

Y salir corriendo, claro, si ves llegar a alguien con una tetera de cicuta.

Pero, con cicuta y sin cicuta, con runrún y sin runrún, la caravana sigue. Eso es lo que cuenta.

29. Hay siempre más cosas bajo la bóveda de los cielos de las que percibe tu filosofía.

Y la filosofía de todo quisque.

Lo escribió Shakespeare. Punto redondo.

30. Aprovecha el impulso del enemigo.

Es lo que hacen –en Oriente, siempre en Oriente– quienes practican las artes marciales.

¿Guerreros o artistas?

Artistas y guerreros.

Es lo que hago yo, verbigracia, en la tele: aprovecharme de su fuerza, de su estructura, de sus pantallas, de su red de difusión y penetración, para meterme como un diablo cojuelo en los domicilios de los espectadores e invitarlos a cerrar el chisme y hojear un libro.

Igual lo leen.

31. Apaga y lee.

Más de lo mismo. Conviene insistir. La televisión es una droga de abuso tan adictiva como el tabaco. No es fácil, para el homúnculo de nuestros días, renunciar a ella.

32. Sé un emboscado. Actúa desde la sombra. Procura pasar inadvertido.

Este mandamiento guarda relación con el vigésimo octavo y con el trigésimo.

Los emboscados –no sólo guerreros, sino también guerrilleros– son quienes mejor aprovechan el impulso del enemigo.

Ya sé, ya sé... No es necesario que me eches en cara la evidencia –enojosa evidencia– de que no he logrado pasar inadvertido.

Todo el mundo, en España, me conoce. ¡Maldición! Por eso, entre otros motivos, pongo pies en polvorosa y tierra por medio, vivo en un villorrio de diez habitantes y viajo continuamente al extranjero.

¡Qué gusto el de ir por la vida sin que los transeúntes cuchicheen, me miren de soslayo, se den con el codo!

Quien no ha vivido ese horror no puede entender mi horror al vivirlo.

Y encima, cuando me quejo, cuando lo menciono, mis interlocutores creen que no soy sincero. Pocas cosas me irritan tanto... ¡Anda y que los zurzan!

¿Será por culpa del *karma*? No le veo otra explicación. Te suplico, en todo caso, que si me ves por la calle no te acerques, no te des por aludido y, sobre todo, no me pidas un autógrafo. Eso es algo que me saca de quicio.

Para más aclaraciones, lee a Jünger, máximo responsable de la teoría del emboscado. Es –fue– viento de libertad, de dignidad, de honradez, de lucidez, de coherencia y *–last but not least–* de soberana incorrección política.

Ya no quedan en Occidente escritores así. Yo, desde mi insignificancia, intento serlo.

33. No seas tolerante. Sé respetuoso.

La *tolerancia* –concepto *light*, débil, descafeinado, deshuesado, invertebrado y típico de esta sociedad sin médula– es uno de los caballos de Troya más peligrosos, por su hipocresía y su apariencia de filantropía, entre cuantos maneja el actual Discurso de Valores Dominantes.

Éste nunca habla de *respeto*. No le conviene. Nos ha dado el cambiazo.

El respeto se basa en razones y es, por ello, profundo, eficaz, duradero. La tolerancia se dispensa a troche y moche, apriorísticamente, de modo indiscriminado, y es, por ello, superficial, inútil, momentánea.

Quien tolera, desprecia; quien respeta, aprecia.

No te engañes, no tranquilices tu conciencia con falsos lenitivos, yérguete, plántate, resérvate el derecho de admisión, di lo que verdaderamente piensas y, si es preciso, ataca, pero estima a tu adversario y dale siempre agua al enemigo.

34. Sé guerrero.

Pero no soldado.

Los soldados, con galones o sin ellos, son quienes desencadenan y perpetúan las guerras. Éstas no existirían si desapareciesen los ejércitos. Los guerreros intervienen en ellas para corregir sus desmanes, ignominias y excesos con las armas de la prudencia, la justicia, la fortaleza y la templanza.

Y para ponerles fin.

35. No te encastilles en posiciones conquistadas. Abandónalas y conquista otras que también abandonarás. El mundo es tuyo.

En eso consiste, precisamente, la condición guerrera.

Aferrarse a lo conquistado es afán de medro, es soberbia, es indignidad, es atrofia de la musculatura y rigidez de cintura, es avaricia y cobardía. El guerrero que echa pie a tierra y se hace fuerte en una posición deja de ser un guerrero y se convierte en príncipe, en líder, en secretario de un partido, en jefe de un gobierno...

O peor aún: en Señor de la Guerra.

Sé como el Cid, sé caballero andante, recorre los campos de pan llevar, duerme al raso, no anides. «Ligero, siempre ligero, / que no hagan callo las cosas / ni en el alma ni en el cuerpo.»[1]

Sé blando con las espigas, sé duro con las espuelas.[2]

Un guerrero puede estar loco, pero no puede ser un baldragas. La locura, si se plantea, le cegará llevándolo a creer que siempre, haga lo que haga y pase lo que pase, podrá conquistar otra plaza, pero el valor y el espíritu de aventura le obligarán siempre a abandonar la que ya ha conquistado.

Lee la *Odisea*, lee el *Quijote*, lee una novela de Steinbeck que se llama *Tortilla Flat*...

Y, por último, pues de eso justamente se trata, aplícate la copla que dice: «Por necesidad batallo / y una vez puesto en la silla / se va ensanchando Castilla / delante de mi caballo».[3]

Suerte.

1. Lo escribió, más o menos así, León Felipe. Estoy citando de memoria.

2. Vale, vale... Es de Lorca. El fantasma de la intertextualidad y los abusos cometidos a cuento de ésta han terminado con las citas solapadas.

3. Aprendí de niño estos versos. No sé quién los escribió. Serán, posiblemente, anónimos, pero en ellos late el Tao. Huelga aclarar que Castilla está en todas partes.

36. Ten siempre a tu disposición un ámbito estrictamente personal al que nadie tenga acceso sin tu permiso.

Nadie, he dicho. Ni tu padre, ni tu madre, ni tu mujer, ni tus hijos, ni tu secretario, ni la policía, ni la asistenta.

Ciérralo con siete vueltas y lleva siempre la llave encima.

Ese territorio, ese campamento, ese refugio, ese gabinete de trabajo y soledad, esa torre del homenaje, ese sanctasanctórum, debería ser un lugar físico, tangible, pero también puede ser, cuando por la razón que sea no pueda ser lo dicho, un espacio mental creado, contemplado y habitado por medio de la visualización.

Ésta es un varita mágica: con ella, si aprendes a manejarla, tendrás a tu alcance todos los rincones del universo, sin excluir los de tu cuerpo, los de tu alma y los del alma y cuerpo del prójimo.[1]

37. La verdad es un país sin caminos. Créalos tú, pero no los dejes abiertos.

O sea: procura que se cierren a tus espaldas. Lo contrario sería hacer un flaco favor al prójimo, impedirle verificar, poner trabas en su proceso de aprendizaje.

El viajero –a diferencia del turista, que hace exactamente lo contrario– tiene que dejar las cosas tal como las encontró.

Eso, por una parte... Y, por otra, ¿sabes ya –es lo primero que aprendí en mi primer viaje a la India, te estoy hablando de 1967–

1. Te exhorto a que leas, perdonándome la insistencia, lo que a propósito de mi *consejo asesor* cuento en *La del alba sería*, pp. 155-156 y 159 a 178.

que la verdad no es sino la búsqueda de la verdad? Poco importa que ésta, por definición y por las miserias restrictivas de los condicionamientos del mundo denso, no pueda alcanzarse: su rastreo –como el vaivén de la zanahoria que va delante del hocico del burro– sirve para que nos movamos, para que no nos apoltronemos, para que no nos apolillemos, para que arrieritos seamos y...

Quien busca la verdad no envejece.

Oriente –Krishnamurti– y Occidente –Antonio Machado («se hace camino al andar»)– convergen en la primera parte de este precepto.

38. Cada fracaso es una senda que se abre, un telón que se levanta, una oportunidad que se te brinda.

Fue, una vez más, como en tantas otras ocasiones, Alejandro Jodorowsky quien me puso sobre la pista de algo tan evidente, tan irrebatible, tan razonable y tan reconfortante como lo que acabo de decir.

¿No te conminé hace unas cuantas páginas a aprovechar el impulso que viene de tu enemigo?

Te lo reiterará Kipling en uno de los apéndices de este libro, pero yo te lo adelanto –te lo recuerdo– ahora: «si cuanto con trabajo conseguisteis / a un solo golpe lo arriesgáis de suerte / y si sabéis, perdiendo, vuestra vida / hacer que en el principio recomience...».

39. Las crisis son etapas necesarias e inevitables en el proceso de la existencia. Aprovéchalas para crecer, no para lo contrario.

Cabría reiterar aquí el texto del capitulillo inmediatamente anterior a éste, pero intensificándolo, recargándolo, exasperándolo, abrasándolo, porque las crisis son mar de fondo y no, como lo son los fracasos, meras cabrillas, espumas, maretazos, oleaje superficial.

Pero el mecanismo –la reacción imperiosa y jubilosa frente a la adversidad– es idéntico.

Todos los momentos estelares de mi existencia –los grandes puntos de inflexión en mi evolución– han sido críticos: enfermedades, derrotas, traiciones, fallecimientos de seres queridos, ataques de pánico, visitas a la tierra de los muertos, amenazas, pesadillas, avistamientos y exploraciones de lo desconocido...

Jung las llama (aunque no sólo a ellas) *sincronías*, yo las llamo (aunque no sólo a ellas) *fenómenos de convergencia*, Stanislas Grof las llama (aunque no sólo a ellas) *situaciones de emergencia espiritual*. Pero los tres hablamos de lo mismo: del inmenso poder terapéutico que acompaña a todas las crisis.

No te vengas abajo, no las desperdicies.

40. Haz lo que quieras.

Conocidísima frase sapiencial que campeaba en el dintel del falansterio de Gargantúa. Va a misa, en ella se encierra casi todo.

No consientas que la sociedad, sus gestores o tus progenitores te asignen un destino ajeno. Estás aquí para vivir sólo una vida: la tuya, no la de tus padres ni la de tus superiores en edad, en saber o en gobierno.

¿*Gobierno* he dicho? Pues autogobiérnate. Empieza desde la infancia a ser el que eres.

No seré más explícito. Si con lo dicho no te basta, lee *La danza de la realidad*, de Alejandro Jodorowsky.[1]

Y si te basta, también.

Es un libro extraordinario. Sé que vas a agradecerme el consejo.

41. Rompe rutinas.

Es ésta la versión consuetudinaria y humilde –corriente y moliente, no épica ni heroica– del trigésimo quinto mandamiento. Búscalo si no lo recuerdas.

Te pedía en él que no te encastillaras. Te pido ahora que tampoco te encasilles, que no te aferres a nada ni a nadie, que no te repitas, que no te imites, que no te automatices, que no pongas compuertas ni impongas cauces al flujo espontáneo de tu libertad y tu personalidad. Cambia de trabajo, de pareja (si no hay más remedio), de amigos, de opinión, de afiliación, de gustos y disgustos, de color de pelo, de dieta, de hábitos, de estilo de vida y de lugar de residencia siempre que te venga en gana.

El hombre no es un animal de costumbres, pero las costumbres pueden convertirnos en animales.

42. Y, sin embargo, lleva una vida ordenada.

El desorden vital nace de la práctica de los pecados capitales y, simultáneamente, conduce a ella.

1. Op. cit.

Todos son dañinos, muy dañinos, pero no todos revisten la misma gravedad.

Envidia, pereza e ira son, escalonadamente, los tres peores.

En el segundo nivel figuran la soberbia y la avaricia, por ese orden.

Menos nocivos son la gula y la lujuria, que sólo resultan verdaderamente peligrosos cuando van acompañados por el exceso. Éste es, desde el mismo instante en que el último mono pasó a ser el primer hombre, el caldo de cultivo en el que fermentan los principales errores cometidos, a escala individual, por los miembros de nuestra especie.

No seas, pues, intemperante. Las fiestas de Dioniso se celebraban una vez al año. ¿Qué sentido tendría correr los Sanfermines trescientas sesenta y cinco veces a lo largo de él? ¿Quién quiere y puede organizar una orgía cada veinticuatro horas? Como en el toreo, vivir es templar. Lo contrario te conducirá, literalmente, a morir en el empeño y mucho antes de lo previsto. Serás joven cuando eso suceda, pero tu cadáver parecerá el de un viejo.

Impónte, para empezar, un horario –un horario que corra paralelo, en la medida de lo posible, al del sol y que no altere el curso natural de tus biorritmos– y, por supuesto, respétalo. Te llevarás una sorpresa: es, de hecho, sorprendente (o lo fue, al menos, y en su día, para mí) descubrir al principio e ir comprobando luego una y otra vez el subidón –*joie de vivre*– que se produce en el nivel, en la textura y en la calidad de la propia vida cuando se aplica a ella algo aparentemente tan elemental como lo es la receta a la que acabo de referirme.

Siempre, por otra parte, nos lo han dicho machaconamente, sin miedo a parecer pesados, los padres, las ayas, las yayas, las institutrices, los médicos, los maestros: come a tus horas, duérmete pronto, madruga...

«Bueno es recordar / –dijo don Antonio Machado– las palabras viejas / que han de volver a sonar.»

43. Desconfía, en principio, de quienes piden en el restaurante un filete con patatas fritas.

¡Otro gallo nos cantara si fuese un chuletón de buey como los que servían antes de la crisis de las vacas locas!

¡Qué concho! No se sale de casa, digo yo, para comer lo mismo que comemos en ella. Quien lo hace es, en mi opinión y como mínimo, un pusilánime y un abúlico: lo que Ortega llama el *hombre masa*...

Y a mí no me gustan ni los unos ni los otros: ni los pusilánimes ni los abúlicos.

¿Y a ti?

44. No seas idiota, no utilices tu coche dentro de las ciudades.

Has oído bien: he dicho *idiota*...

Hay que serlo, además de hortera y *parvenu*, para caer en una trampa tan tonta como ésta.

Yo tomé esa decisión –la de dejar el coche a buen recaudo en su garaje– hace aproximadamente quince años, y puedo asegurarte que mi vida dio un vuelco. Así de instantáneo, así de fácil.

Hazlo tú también. Ganarás tiempo, ahorrarás dinero (incluso desplazándote en taxi. Te lo demuestro, calculadora en mano, cuando quieras), mejorarán tu salud y tu humor, pondrás un granito de buen cemento en la urgente tarea de devolver a las ciudades el rostro y rastro humano que *in illo tempore* tuvieron y, encima, no atizarás con monóxido de carbono y otros venenos similares la hoguera de ese incesante genocidio que es la contaminación ambiental.

Renunciar al auto y recuperar el uso de las extremidades es un negocio redondo. ¿No te interesa invertir en él?

45. No tengas teléfono móvil.

¿Sorprendido?

Podría decírtelo de otro modo... Así: no tengas prisa. No hay nada en la vida de los seres humanos que la justifique.

Decía Juan Ramón: «No corras. Ve despacio. / Adonde tienes que ir es a ti solo».

Las consecuencias de carecer de teléfono móvil guardan un extraño, aunque sintomático, parecido con las ventajas –recién traídas a colación– que se derivan de la renuncia al uso urbano del automóvil.

A saber: ahorrarás dinero, mejorarán tu salud –está probado que la telefonía móvil reblandece la parte del cerebro encargada de gobernar la memoria; lo de si genera o no tumores es posible y es probable, pero está aún *sub iudice*– y, desde luego, tu humor, no parecerás un zombi protésico ni serás uno de esos majaras que van hablando solos por la calle, no darás la murga al prójimo ni le pondrás al tanto de tus secretos o secretillos y, por añadidura, contribuirás a la quiebra de unas cuantas multinacionales, lo que siempre es de agradecer.

¿Nulla etica sine estetica? Efectivamente. De ahí que renunciar al móvil sea no sólo una decisión estética, sino también ética. Da, pues, ejemplo, ten –hacia ti y hacia tus semejantes– un gesto moral.

Y si algún día me ves hablando con el vacío por medio de uno de esos repelentes cachivaches, llámame impostor. Estarás en tu derecho.

Pero pierde cuidado: no me verás. O, si me ves, será excepcionalmente, en el ápice de una situación límite y, siempre, de prestado. El teléfono –fijo o móvil, tanto monta– es para mí un infierno y no voy a ser tan idiota como para llevarlo en el bolsillo. Que se quede en casa. ¡Riiin!

46. No llames a teléfonos móviles.

Yo, a veces, me veo obligado a hacerlo, pero nunca por gusto ni por prisa, sino porque los propietarios o arrendatarios del chirimbolo de marras no me dejan otra opción.

Y eso, aquí y en la última Thule, es chantaje.

Quien *sólo* tiene teléfono móvil, es –además de todo lo dicho en el texto anterior– un caradura, un mal educado, un abusón, un gorrón.

No, amigo mío, no exagero. Veamos: si estuvieras por la razón que fuese en casa de un amigo y necesitases telefonear a alguien que residiera, pongamos por caso en Melbourne, Johannesburgo o las Maldivas, ¿lo harías desde el aparato de tu anfitrión?

Seguro que no, seguro que tendrías el miramiento de irte a casa, a tu despacho, a un locutorio, a una cabina... O, por lo menos, le pedirías permiso y te brindarías a abonarle el costo del telefonazo.

Cuestión de delicadeza.

¿Debo, entonces, recordarte ahora la evidencia de que las tarifas de la telefonía móvil pueden ser –y, de hecho, a menudo lo son– inclusive más onerosas, lo que ya es decir, que las vigentes en las comunicaciones de larga distancia?

Pues aplícate el mismo cuento (¡y la misma cuenta!) en defensa propia. No cedas, no cejes, no te avengas a llamar a móviles. Te saldrá más barato tener una concubina perfumada por Chanel en Miami o un serrallo en Isfahan. Quien se presta a un chantaje, por minúsculo que sea, se convierte en cómplice del chantajista.

Postrer y fatigado argumento: trata al prójimo como a ti mismo... Si, habiéndote aplicado el precepto anterior, no tienes móvil, ¿cómo vas a incurrir en la sangrante contradicción de llamar a móviles ajenos?

47. No leas la prensa, no escuches la radio, no mires la televisión.

O, si lo haces, hazlo como lo hago yo: con radical escepticismo, sin creerme nada de lo que veo, oigo o leo, sin permitir que mi opinión sobre cualquier cosa divina, diabólica o humana dependa de lo que los medios de comunicación me dicen.

Y así serás un librepensador, un heterodoxo o incluso, llegado el caso, un hereje.

Te habrás percatado ya, supongo, si me has seguido hasta aquí, de que yo, con mejor o peor fortuna, lo soy. Y a mucha honra, porque los herejes son la sal de la tierra y, a veces, cuando se especializan en las cosas y casos de la religión, también la pimienta del cielo.

Recojo así el dulce fruto de mi insobornable actitud, que lo es ya de antigua data, respecto a uno de los mayores fetiches –redivivo tótem y protegidísimo tabú– de nuestra época: la información.

Sirve ésta en casi todos los casos como una perrita faldera –por muy independiente que se proclame; ¿hay acaso, me pregunto, en cualquier lugar del orbe alguna cabecera de prensa que no se adjudique tan falaz calificativo?– a los intereses políticos, económicos e ideológicos del tantas veces traído ya a capítulo, y por mí detestado y criticado, Discurso de Valores Dominantes.

Es, de hecho, su principal correa de transmisión y mecanismo de amplificación, su alcahuete, su mamporrero, su palanganera.

–¿No oye usted nunca la radio, amigo Dragó?

–Sólo durante un ratito, entre las cinco y las seis de la mañana, mientras me ducho, me visto y tomo los potingues de mi elixir de eterna juventud.

–¿No enciende nunca la tele?

–Muy rara vez. Sólo cuando el telediario me pilla, mientras almuerzo o mientras ceno, en casa. Pero la apago compulsivamente en cuanto empiezan a hablar de pasarelas, de loterías o de deporte.

–¿Y el periódico? ¿No irá a decirme que no lo lee?

–Lo leo, sí, y con fruición, aunque me salte casi todo, pero lo hago con el mismo talante –exacto, idéntico– con el que leo las obras de ficción. Es un vicio que adquirí en la infancia. Espero ir quitándomelo poquito a poco. Vivo, además, como ya he dicho, en un puebluco de diez almas en el que no resulta fácil hacerse con la prensa del día. Y le diré algo más, amigo mío, para que termine de llevarse las manos a la cabeza: no me importa leer periódicos atrasados, incluso de varios meses. Lo bueno de la literatura de ficción es que no caduca. No tengo, además, ninguna prisa en enterarme, por ejemplo, de cuáles han sido los porcentajes de voto en las últimas elecciones de la isla de la Reunión. ¿Y usted?

Hosco silencio. A otra cosa...

48. Reivindica, como lo hacen los gnomos de Hokkaido,[1] el derecho de no saber, de no recibir información, de interrumpir las comunicaciones, de apagar el sistema.

Esas criaturas mágicas se conducen, al parecer, de forma bastante lógica. No quieren que les laven el cerebro. ¿Y tú? ¿Te gusta que lo hagan? ¿Eres masoquista? ¿Te apetece ser la voz de algún amo?

Desconectar es más fácil de lo que crees. Yo, por ejemplo, no sería capaz de decir el nombre de tres futbolistas en activo ni de otros tantos gilipuertas de ésos –cochambre humana, detritus social– que salen, al parecer, en las tribunas periodísticas del llamado «famoseo». Lo juro.

1. Me refiero a los *ninguru* ubicados por el escritor japonés So Kuramoto en la isla más septentrional del archipiélago nipón.

49. No suministres información. Se volverá contra ti.

Versión moderna, adaptada a la era de la informática, del clásico «por la boca muere el pez».

Te lo diré en latín: *si fere vis sapiens sex serva quae tibi mando: quid loqueris et ubi, de quo, cui quomodo, quando.*[1]

Amén.

50. No hables con periodistas. O, si lo haces, miente para que sólo falsifiquen tu mentira, no tu verdad.

Lo dice alguien que parece, entre otras cosas, periodista y que, de hecho, lo ha sido a lo largo de su existencia con más o menos convicción, aprovechamiento y disimulo. Ahora ya no lo soy, aunque a veces escriba –haga literatura– en los periódicos. Me daría vergüenza serlo. Hasta tal punto se ha encanallado la profesión que heredé de mi padre, de mi tío, de mi abuelo, de mi tío abuelo...

51. Todos los presidentes de Estados Unidos, de Roosevelt en adelante, y quienes siguen sus órdenes o les ríen las gracias, son, han sido o serán criminales de guerra.

Conviene saberlo para no mancharse inadvertidamente las manos y el alma.

1. La frase es de Dictinio, el hombre que se trajo de Tréveris los despojos del gallego Prisciliano, mi hereje favorito, y grosso modo significa: «si quieres guardar tu vida de deslices, observa con cuidado cinco cosas: de quién hablas y a quién, y cómo, y cuándo, y dónde hablas».

Yo, hace ya muchos años, declaré un embargo unilateral de los productos de ese país en el ámbito de mi domicilio. No tengo, pues, nada que reprocharme.

Y ahora, con una sonrisilla, voy a contradecirme un poco: que lea la prensa, escuche la radio o mire la tele quien dude de mi aserto y quiera verificarlo.

Con eso basta. Hay verdades de tanto bulto que ni siquiera los periodistas consiguen ocultar.

52. No creas que la enseñanza universal, obligatoria y gratuita es un paso hacia adelante.

¡Ya se oyen los claros clarines!: ¡herejía, herejía, herejía! ¡Degollemos al réprobo!

¿Ven como la libertad de expresión es sólo libertad de impresión?

De los actuales sistemas de enseñanza digo lo mismo que he dicho de la prensa: sirven para lavar el cerebro, son grilletes de esclavitud, funcionan como correas de transmisión del Discurso de Valores Dominantes.

Y, por otra parte, ¿debe estudiar quien no tiene –por genes, por *karma*, por carácter, por lo que sea– vocación de estudio?

He ahí un método extremadamente eficaz para convertir a un hombre que podría haber sido feliz en un desgraciado.

Pase, si acaso, lo de *gratuita* (únicamente para quienes, queriendo estudiar, carezcan de medios; aludo, obviamente, a los becarios), pero ¿*universal* y, sobre todo, ay, *obligatoria*?

Dislate sobre dislate, despapucho sobre despapucho. ¿Qué será de nosotros cuando todos los terrícolas sean asnos con diploma y no sepan o no quieran plantar una col, levantar una pared, arreglar un grifo, pescar un besugo o enhebrar una aguja?

Permítaseme entresacar aquí unos párrafos de *La del alba sería*. Dicen lo siguiente:

La segunda catástrofe «se abate sobre nosotros –sobre el niño que alguna vez fuimos– en el mismo instante en que nos llevan a la escuela».

«¿A cualquier escuela? No, claro. Hay excepciones, refugios más o menos subterráneos y angostas vías de escape [...] Apunto sólo al ámbito del *piccolo mondo* occidental parido con fórceps por la indecente Revolución francesa. Apunto a la enseñanza laica, no a la que yo, al quiebro y al sesgo, todavía alcancé a recibir en mis años infantiles. Apunto a la pedagogía sin amor y sin honor vigente en los países democráticos [...] Al niño, puertas adentro de ese bárbaro y despótico sistema de árida educación supuestamente progresista, no se le educa ni se le orienta, ni se le ayuda a descubrir sus recónditas inclinaciones y motivaciones (el *nosce te ipsum*[1] del santuario de Delfos), ni se le enseña a crecer y a desarrollarse en armonía con el entorno, ya sea éste natural o social. Simplemente, nos duela o no, se le domestica, esto es, se le condiciona como a la perra de Pávlov para que vote cada cuatro años, consuma, pague religiosamente –¡qué ironía!– los impuestos y acate sin decir *esta boca es mía* las leyes de la comunidad en la que vive, coincidan o

1. *Gnothi seautón* en griego.

no con lo que le dicta la voz de su conciencia. Lo siento, y que me emplumen, si así lo disponen los sicarios y lacayos del Discurso de Valores Dominantes, pero no me resigno a callar por más que con el dedo, ya tocando la frente, ya la boca... ¡Qué le voy a hacer, cómo guardar silencio, si por mucho que me resista a la idea, que me constriña, que me acogote, que me censure, el fetiche intocable e innegociable de la escolaridad gratuita y obligatoria regulada por el Estado me parece una abominación, una abyección, una alienación, una usurpación, una castración! Ni en Esparta se habrían atrevido a tanto.

»[...] No sé, pido disculpas, me arrodillo, descargo sonoros golpes sobre mi pecho, me doy de calabazadas contra las graníticas paredes del Ministerio de Instrucción Pública... La cabeza me dice que no me meta en nuevos líos, pero el corazón y la pluma protestan. Será, posiblemente, nostalgia de todo lo que el viento de la tecnología y la economía se llevó, y –en especial– de ese paraíso perdido que para mí, y para muchos otros, es la infancia, pero siempre, desde que cobré conciencia del instinto de paternidad, he soñado con tener un hijo, al menos uno, que creciese al margen del Sistema sin convertirse nunca en su rehén, que no destruyera prematuramente su salud con la inoculación de los virus de mil vacunas, que no figurase en el Registro Civil para de ese modo no tener el día de mañana ni el más mínimo documento de identidad, que no se viera obligado a ir todos los días al colegio, que aprendiera el sentido y los secretos de la vida en el dédalo de las calles de una pequeña, pequeñísima ciudad del Tercer Mundo, y en los campos, y en los montes, y en las playas, y en las nubes, y en la contemplación del firmamento, que volase libre y feliz, feliz y libre, por los alrededores de nuestra casa, sin derechos, sin diplomas, sin currículos, sin becas, sin seguridad social, sin tonterías, dichosamente expuesto a la intemperie y a todos los gozos, disgustos, dolores, alegrías y peligros de la aventura del vivir y el navegar a bordo de esa frágil, pero marinerísima cáscara de nuez que es la condición humana.

»¿Sueños de Segismundo, *samsara*,[1] cangilones de una noria en la que jamás abrevaré? Es lo más probable, y no porque tenga ya sesenta años, sino porque Caterina ha muerto. Con ella se fue, seguramente, la única mujer del mundo occidental dispuesta a correr conmigo esa locura, a jugar ese naipe, a aceptar ese reto. Ya no quedan Ariadnas así. El feminismo las ha aniquilado. Para cosas como las que en el párrafo anterior he descrito se necesita una madre plenaria y *full time* provista de ternura, de valor, de firmeza, de *gracia* y de lucidez. ¿Acaso queda alguna? Si así fuera, que me escriba, por favor, o que me llame por teléfono. En la editorial le facilitarán mi número».[2]

«Melancolía. Llega hasta mí el graznido de una gaviota. Pasemos página».[3]

1. «Voz sánscrita que significa *flujo*. Es un término que hace referencia a la rueda de las reencarnaciones causada por la acumulación de acciones que han de tener una reacción. Tal es el ciclo de nacimientos y muertes que tiene lugar incesantemente mientras se cumple el *karma* o ley de causa y efecto del universo.» (Gallud Jardiel, op. cit.)

2. Escribí esto hace seis años. La oferta –que era también, por mi parte, demanda– ya no sigue en pie. El tiempo no corre en balde y mi situación, además, ha cambiado, aunque siga, evidentemente, pensando lo mismo que entonces pensaba.

3. Op. cit., pp. 116 a 119.

53. No abortes.

Otra herejía...

Seré lacónico. He escrito ya demasiado, en otros lugares, sobre tan enojoso asunto. Me limitaré a enumerar, sin comentarlas, las conclusiones *provisionales* –todo lo que yo diga o escriba (y haya dicho o haya escrito) a lo largo de mi existencia es provisional. Me arrogo el derecho a cambiar de opinión– a las que pian pianito he ido llegando en lo concerniente a uno de los problemas más conflictivos de las últimas décadas. Casi una guerra mundial: la humanidad está partida en dos al respecto y ninguno de los bandos, en teoría irreconciliables, parece dispuesto a dar su brazo a torcer.

Éstas son mis conclusiones:

1. Entre todos los mandamientos morales posibles e imposibles hay uno que a ningún otro cede en jerarquía, en estatura, en alcance, en relativo y cuasi universal consenso, en fuerza imperativa: *no matarás*. Ésa es la última frontera, la postrer y tajante línea divisoria entre la práctica del bien y el ejercicio del mal. Punto sin retorno, principio no negociable, tabú categórico: infringirlo supone desposeer a la ética de su más sólido fundamento. Lo diré de otro modo: si aceptamos que se pueda matar a un miembro de nuestra propia especie, todo vale. Los etólogos, capitaneados por el indomable e imprescindible Konrad Lorenz, han llegado a la conclusión de que los animales, por depredadores o agresivos que sean, jamás dan muerte a un miembro del mismo grupo biológico. Amagan con él cuando luchan entre sí para delimitar su territorio, cubrir a la hem-

bra o alcanzar y defender la jefatura dentro del rebaño, de la manada, de la bandada o del cardumen, pero nunca rematan al adversario a no ser que hayan sido especial y artificialmente adiestrados para ello por el hombre, ese depredador por antonomasia, esa mala bestia, esa fiera corrupia y corrupta, tal como sucede, verbigracia, en las peleas de gallos o de perros. Ni siquiera el lobo, que tiene fama –injusta fama– de lo contrario, degüella a su semejante. Basta con que éste se declare vencido, ofreciendo la yugular y derramando unas gotas de orina que el vencedor olisquea e, incluso, lame, para que la contienda se dé por terminada. ¡Hermosa y caballerosa forma, vive Dios y viva Mowgli, de zanjar una disputa! No son, pues, los hombres lobos para el hombre –¡ojalá lo fueran!–, sino lisa y llanamente parricidas, pues parricidas son quienes matan a gente de la misma sangre. La que lleva, por ejemplo, el nasciturо en lo que atañe a sus progenitores. ¿O no? De todo ello, y por pura lógica, cabe deducir que el quinto mandamiento es el único que, en el supuesto de que exista un dios omnipotente o algo similar, tendría origen divino. Lo tiene, en todo caso, natural.

2. ¡Lejos de mi ánimo la pretensión (o el simple deseo) de que se castigue la llamada *interrupción voluntaria del embarazo* –penoso eufemismo– recurriendo al código penal! La mujer que aborta o el varón que la ayuda a ello no son delincuentes, sino personas cegadas por el egoísmo, manipuladas por el feminismo extremista y engañadas o corrompidas por el atolondrado discurso de valores impuesto en todo el mundo occidental y en parte del oriental por el ridículo y mal llamado *pensamiento progresista*.

3. El problema se plantea en dos frentes distintos, aunque emparentados. ¿Es o no es el feto –y, ya puestos, también el embrión– *persona*? He ahí la primera cuestión, formulada desde el punto de vista del laicismo. La segunda, en cambio, procede del pensamiento espiritualista, aunque no forzosamente religioso, y se pregunta en qué etapa o instante del embarazo –sin excluir el de la concepción– se incorpora el alma al nascituro. Reconozco que no es fácil responder a ninguno de esos dos interrogantes. Hágalo cada cuál como pueda y deba, con la honradez y lucidez que exige asunto tan delicado, y obre después en consecuencia.

4. Sólo en el caso de que se responda afirmativamente a cualquiera de las dos cuestiones –y en función, como es natural, del momento en el que lo uno (la transformación en persona) o lo otro (la encarnación del alma) ocurra– cabrá llegar a la estremecedora conclusión de que el aborto es el peor de todos los asesinatos posibles. No exagero. Confluyen en él, si se da alguno de los supuestos mencionados, las siguientes circunstancias agravantes: allanamiento de morada (el vientre de la madre, el útero que envuelve al feto), premeditación, alevosía, fractura y, sobre todo, terrorismo. Así de brutal, así de duro, así de claro. ¿O es que por desventura no consiste el terrorismo en la involucración delictiva y, generalmente, homicida de personas inocentes? Lo siento. De verdad que no pretendo abatir o deprimir a nadie ni perseguir, inculpándolas o, simplemente, acosándolas, a las mujeres que por motivos de peso, y no por comodidad ni por frivolidad, abortan, pero tampoco –concédaseme– puedo cerrar los ojos a la evidencia o a lo que a mí me parece evidente. Hostigar, no; concienciar, sí.

5. Quede, asimismo, constancia de que en todo lo relativo al aborto y su querella me preocupan mucho más los verdugos que las víctimas. Éstas, si tienen alma, no sufrirán daños mayores, por ser natural y filosóficamente imperecedero todo lo anímico (tanto si la reencarnación existe como si no), y si no la tienen, en definitiva, qué importa... Qué importa, quiero decir, irse al hoyo por los siglos de los siglos un poquito antes o un poquito después. Pero en cambio, si admitimos y nos atenemos a la inflexible ley del *karma,* del ojo por ojo y diente por diente, ¿qué consecuencias cercanas o lejanas –palpables o escatológicas– acarreará el aborto a quienes por activa o por pasiva lo perpetran? ¿Será, por así decir, abortado en este ciclo de existencia o en alguno de los sucesivos quien aborte? Ni que decir tiene que soy incapaz de responder a esa pregunta.

6. Casualidades, causalidades, sincronías, convergencias, emergencias... Hoy, día 8 de julio de 2002, leo en la prensa la noticia –démosla por buena a pesar de lo dicho en mi cuadragésimo séptimo mandamiento– de que el obispo de Mondoñedo equipara, como yo acabo de hacerlo, el aborto al terrorismo. Esta declaración obedece (y sigue) al abuso de poder –una alcaldada, una neronada, un ucase, un escándalo– en el que ha incurrido el Parlamento europeo al imponer *manu* más o menos *militari* la legalización del mencionado y asendereado delito en todos los países miembros de lo que inicialmente fue sólo un *mercado común,* un rastrillo, una lonja sin pretensiones de soberanía política y, menos aún, judicial. El prelado en cuestión opina, y yo, sin arreos episcopales, se lo abono, que «para la institución europea el huevo de una águila real es más im-

portante que la vida de un ser humano». Nunca mejor dicho: *¡parole sante!* ¿Quién iba a decirme a mí, bienintencionado y nada contrito autor de la *Carta de Jesús al Papa*,[1] que algún día –ya ha llegado– me encontraría cerrando filas frente al *establishment* hombro con hombro de todo un señor obispo? No sólo la política hace extraños compañeros de cama (dicho sea –esto último– con perdón en tanto no se levante la anacrónica ordenanza del celibato eclesiástico). Pero, sea como fuere, he aquí otro buen motivo –el enésimo– para no sentirme europeo.

7. Si discernir cuándo y cómo empieza el feto a ser algo más que un amasijo de carne inerme no resulta precisamente fácil, apliquemos la presunción de inocencia: *in dubio pro reo*... Y que nadie incurra, por favor, en la demagogia ni en el cinismo de descolgarse ahora con el pasmoso argumento de que el reo no es la criatura abortada, sino la madre abortadora. ¡Hasta ahí podíamos llegar! La subversión de valores imperante hoy en toda Europa, por democrática y políticamente correcta que resulte, también debería respetar los límites que el sentido común impone.

54. Y sin embargo, recuerda –lo dice la Baghavad Gita– que lo que existe no puede dejar de existir ni lo que no existe puede llegar a existir.

Véase el quinto punto del mandamiento anterior a éste.

Existir vale aquí por *ser*. Y el ser, amigo mío, no puede, por defi-

1. Planeta, Barcelona, 2001.

nición, dejar de ser –ya que así no *sería*– ni la nada, siéndolo, puede llegar a ser.

De ahí, entre otras deducciones y conclusiones posibles, que la famosa creación *ex nihilo* sea, también por definición, un desbarro, una burrada, un absurdo, algo metafísicamente imposible.

55. No dones órganos ni permitas que te los trasplanten.

¡Llegue otra vez el cortejo, rasguen el aire los pífanos, póngaseme en la picota, inunde las calles el colérico grito!: «¡Herejía, herejía, herejía! ¡Anatema, anatema, anatema!».

O peor aún: cuélgueseme el sambenito de la maldad en estado puro, de la maldad gratuita, de la maldad sin mezcla de bondad alguna.

Golpes de pecho, cilicios, sacrificios, mortificaciones, peregrinaciones... ¿Cómo puedo ser tan perro, tan desalmado? Yo mismo me lo pregunto.

Lo sé, lo sé, he vuelto a las andadas de la incorrección política. Me acuso, padre, de haber pecado contra el undécimo mandamiento de las Tablas de la Ley de Washington y Bruselas: el de la sacrosanta *solidaridad.* Me acuso de haber roto el universal consenso existente en torno a ella. Me acuso de ser un mal español, habida cuenta de que mis compatriotas, triunfalistas siempre, han conseguido para España el honroso título vagamente olímpico de ser el país donde más órganos se donan (o se arrebatan) para atender a las necesidades del negocio de los trasplantes. Me acuso de ser un reincidente, de no tener arreglo, de carecer de dolor de corazón y de propósito de enmienda...

Bromas y sarcasmos aparte, seré, lector, sincero y admitiré sin rebozo, aunque con vergüenza, que he palidecido, que he titubeado, que me ha temblado el pulso en el instante de decidir si mantenía, con dos cojones, o no este quincuagésimo quinto consejo en la versión impresa –y, por ello, más o menos definitiva– de mi código de conducta. Soy imprudente, pero no insensato. Sé a lo que me expongo. Sé también que, entre todo lo que hasta ahora llevo dicho, nada resulta tan antipático, suena tan mal ni cae tan gordo como cae, suena y resulta esto.

Paciencia. Me ataré al timón, clavaré los ojos en la raya del horizonte y haré oídos sordos al runrún de las chicharras que brindan al sol y al frufrú de las sirenas que silban a la luna. No soy un demagogo ni un jesuita, no escribo para que me quieran más ni tampoco menos, no me parece legítima la estrategia de la restricción mental y creo que la mentira por omisión es tan grave y tan envilecedora como la mentira por comisión.

Mi palidez, mi tembleque y mi titubeo no obedecían al temor, sino a la perplejidad. Intentaré explicarlo...

No estoy seguro de lo que aquí digo, y lo que es peor: sé que nunca, mientras dure mi paso por la tierra, lo estaré. Es prácticamente imposible, aunque haya atisbos, verificar al ciento por ciento la hipótesis que me lleva –que me obliga– a pedirte, lector, lo que ahora te estoy pidiendo.

O aconsejando.

Tampoco, por otra parte, sé, ni tan siquiera a bulto, lo que *yo* haría en el caso de que las vueltas, revueltas y rabiones de la puta vida me colocaran ante el dilema –no lo permita el *karma*– de tener que donar o no donar un órgano a alguno de mis hijos, de mis hermanos, de mis mujeres, de mis personas amadas...

Ni sé, invirtiendo los polos, si me avendría a bajar la guardia, a arriar la bandera, a comerme lo dicho, a profanar mi naturaleza, a admitir en su interior un cuerpo extraño, una víscera ajena, un intruso, algo que en puridad –salgan por donde salgan los sochantres del coro de los derechos humanos– no nos pertenece.

En fin...

Vamos con la hipótesis.

Las tradiciones sagradas (y nebulosamente corroboradas en esta ocasión por visiones de videntes no menos nebulosos, y dudosos, y por un puñado de experimentos de relativa solvencia científica)[1] sostienen con ecuménica unanimidad que el rito de paso de la muerte –o de lo que los médicos convencionales entienden por tal– no es irreversible, digan lo que digan los electros y encefalogramas, hasta que se produce la ruptura del fantasmagórico *cordón de plata*.[2] Sirve éste, entre otras cosas, para mantener conectado el cuerpo físico con las envolturas que a modo de capas de cebolla lo rodean: la vital, la etérica, la mental, la emocional, la espiritual... Hasta la llegada de ese momento, que puede demorarse un máximo de tres días contados a partir del instante en el que se produce (o, por lo menos, se define) la muerte clínica, los órganos corporales –provis-

1. Los mencionaré, supongo, en mi anunciado libro sobre la muerte. Aquí estarían fuera de lugar.

2. Así lo llaman. Tiene, por lo que cuentan, la forma de dos seises –uno de ellos invertido– que se tocan por sus extremos. Yo no he llegado a verlo en el transcurso de mis experiencias de regresión, renacimiento y muerte, pero sé de personas dignas de mi confianza que sí lo han visto.

tos de una especie de memoria genética, celular y mecánica en la que están depositados y registrados los recuerdos fisiológicos de la vida de la víscera en cuestión– pueden y quizá deban transmitir al alma del moribundo datos que le serán útiles en el trance agónico (y, por ello, difícil) de la desencarnación y que le ayudarán, orientándolo, empujándolo, a deambular correctamente por las regiones del *bardo*.[1]

De ser todo esto cierto, y ni yo –ya lo he dicho– ni nadie puede estar seguro de que lo sea o de que no lo sea, cabe llegar a la lógica conclusión de que la ausencia de un determinado órgano –tome nota el donante en agraz– o la presencia de un órgano ajeno –considérelo el supuesto beneficiario de la donación– en los entresijos de quien está muriendo generaría, por falta de información (o por información, en cuanto ajena, inadecuada) un estado de confusión cognoscitiva nada deseable en momentos tan delicados como se supone que lo son los del tránsito a la dimensión escatológica de la vida humana.

Y no sólo en ese trascendental rito de paso: también podrían derivarse de ambas situaciones –la de la ausencia de cualquier órgano propio y la de la presencia de cualquier órgano ajeno– fasti-

1. Así se llama en el *Libro tibetano de los muertos* –cuyo título original es *Bardo Thodol*– la zona del más allá en la que permanece y por la que transita el alma entre la desencarnación y la siguiente reencarnación. El profesor Whitton, neurofisiólogo y docente de psiquiatría en la Universidad de Toronto, llama –con acierto– a dicho período, crucial en la secuencia del devenir humano, *la vida entre las vidas* (véase y léase la obra –así titulada– coescrita por Whitton y el periodista Joe Fisher, y publicada por Planeta Argentina en 1986. Es interesantísima, pero no puede comprarse ni, por lo que sé, consultarse en España. Yo tengo un ejemplar en mi biblioteca.

diosas y, como mínimo, desconcertantes perturbaciones de la personalidad en el decurso de nuestra estancia en la tierra.

Hay ya literatura al respecto. Leí hace dos o tres años el testimonio –un libro entero–[1] escrito por una señora estadounidense que se transformó poco a poco en lesbiana, sin desearlo, sin conseguir evitarlo y, por supuesto, sin haberlo sido ni por asomo antes, después de someterse a una intervención quirúrgica en el curso de la cual se le trasplantó con éxito no recuerdo ya qué órgano –un corazón o un pulmón, en todo caso– procedente de un donante de sexo masculino.

Así las cosas, y ante la imposibilidad de saber a ciencia cierta si la hipótesis aquí formulada tiene fundamento, sopese el lector las cosas y decida por su cuenta, que yo ya lo hago por la mía. El dilema, sea como fuere, sólo se le planteará a quienes admitan la existencia de una alma inmortal. Los materialistas, los mecanicistas, los reduccionistas y, en general, los escépticos y los ateos a rajatabla pueden pasar de largo ante el problema frotándose las manos con la acostumbrada sonrisilla de superioridad. El *establishment* los considerará progresistas –o *progres*, a secas– y les felicitará por ello. Mientras...

Dejémoslo. Iba a enredarme en consideraciones literalmente extemporáneas.

Pero debo incluir aún, antes de dar por terminada la glosa a este mandamiento, que no lo es, por lo menos una apostilla en forma de pregunta: ¿qué sucederá, si el delirio cristiano y paulino de la re-

1. No puedo facilitar su referencia bibliográfica. No la anoté en su día y... mi memoria decrece.

surrección de la carne resultara –contra todo pronóstico– cierto, el día del Último Juicio en lo concerniente a los copropietarios –donante y receptor– de un mismo órgano exitosamente trasplantado? ¿Se darán de puñadas allí mismo, en presencia de Dios padre, de su Hijo bienamado, de la Santa Paloma, de las once mil vírgenes, de los coros angélicos y de todos los difuntos y santos, reivindicando la posesión de la víscera pendona y andariega, o tendrá que convertirse Jesús en émulo de Salomón partiendo por la mitad con su espada justiciera riñones, pulmones, corazones, hígados, testículos, tetas, ovarios y otros mondongos de menor cuantía? Lo dicho: decide tú, lector, cuál va a ser en lo tocante a esto tu línea de conducta mientras yo me lavo las manos y hago discreto mutis por el foro...

Con una última advertencia, referida exclusivamente a España (ignoro lo que sucede en otras partes): si no quieres que inmediatamente después de morir en un hospital –o incluso antes, al hilo de las penúltimas boqueadas– desguacen tu cadáver como se despieza a los cerdos en el ritual de la matanza, consígnalo *ya* por escrito ante notario, en la Zarzuela, en la catedral de Burgos, en las oficinas del Inem, en la Morgue o donde corresponda. De lo contrario, si mueres en mi país y por lo que sea no puedes permitirte el lujo –baratísimo: te saldrá casi gratis o se lo saldrá a los tuyos– de morir en casa, date por descuartizado y que los Señores del Karma te protejan. Tampoco por ello, supongo, se hundirá el mundo. Tendrás otras oportunidades. Al fin y al cabo, sólo se muere mil veces.

56. Muere en tu casa rodeado por los tuyos o a la intemperie y con las botas puestas.

O lo que es lo mismo: no te avengas, lector, a exhalar el último suspiro en inmuebles de instituciones públicas ni permitas que te expongan como un cochinillo o un muñeco de cera en el escaparate de los tanatorios.

Por atún y a ver al duque: derívase este mandamiento del inmediatamente anterior. No necesita de más comentarios. Cáense éstos por su propio peso: el de la lógica, el de la evidencia. Pocas manifestaciones de crueldad existen en la historia del mundo que no desmerezcan si las comparamos con las sofisticadas e inútiles (cuando no abiertamente perniciosas) sevicias que los médicos oficiales y convencionales, muy convencionales, aplican a los pacientes en las cámaras de tortura de los centros hospitalarios.

¿Sabes, además, que si entras en uno de ellos, aunque sólo sea como mero visitante, te expones a salir del mismo llevándote el jovial obsequio de un puñado de gérmenes patógenos que no traías al entrar?

Me refiero a los daños *yatrogénicos* –perdón por la palabreja– que los cálculos más pesimistas cifran... No, no te lo digo. Te asustarías y dejarías de cumplir con la obra de misericordia que nos exhorta, y hace bien, a visitar a quienes sufren. No permitas, lector, por muy aprensivo que seas, y yo lo soy, que la yatrogenia te sirva de coartada para no dar a los enfermos lo que tú querrás que te den cuando te toque esa china.

Y ahora, como colofón, una estampa... Se alude en ella a un viejo nogal plantado al arrimo de una finca de mi familia en la «curva de ballesta que traza el Duero en torno a Soria» y se describe cómo me gustaría morir cuando llegue el momento...

«[...] he conminado a mis hijos, a mis amigos y a mis viudas (aunque éstas no lo sean aún ni, desde luego, seré yo quien les meta prisa) a enterrarme al pie de ese árbol, así sea al precio de violar las disposiciones de inhumación vigentes, después de velarme por tres días[1] –ni uno más ni uno menos– entre músicas (*Gracias a la vida, Juegos prohibidos, Suspiros de España, Butterfly morning, We shall overcome* y el *Vals de las Velas*), jolgorio, sexo, chistes, alegría generalizada, oraciones, *chilones*, bebidas espiritosas e ingesta de enteógenos. Si así lo hacen, que la Fuerza se lo premie, y si no, que Ella se lo demande. Amén.

»¿Son ésas mis últimas disposiciones? Sí, lo son, pero con una adenda: la de que alguien con autoridad y conocimiento (lo que viene a ser lo mismo) lea durante mi agonía y en los minutos siguientes a mi óbito, sentado a mi vera y –luego– a la vera de mi cadáver, los versículos del *Bardo Thodol* o *Libro tibetano de los muertos* que juzgue más idóneos para la ocasión. Será ésa, aunque de oídas, mi última lectura, precisamente al arrimo del nogal que, como en seguida sabremos, tantas amparó (o sufrió) en mis años de aprendizaje y desarrollo.

»Sirvan estas líneas y las del párrafo anterior, aunque las haya escrito a máquina, como testamento ológrafo y es de suponer que definitivo, pues no parece probable ni verosímil que el abajo

1. Los que tarda o puede tardar en romperse el cordón de plata. Véase el texto que acompaña el mandamiento anterior.

firmante vaya a cambiar de criterio a estas alturas de su existencia.

»Y, ya puesto a pedir gollerías, sugiero a mis descendientes y derechohabientes que pongan en el tronco del nogal una breve y austera placa con mi nombre, las fechas de mi nacimiento y muerte, el sagrado signo del *om* (o, en su defecto, una imagen de Shiva inscrito en la rueda del *samsara*) y dos palabras: *escritor y viajero*.

»¿Flores? Bueno... Ellos verán. Quizá, por lo que contaré en el segundo volumen de esta obra, pueda servir sin exagerar ni desentonar una simple rosa amarilla.

»¿Y todo esto por qué? Pues por lo ya anunciado... Vale decir: porque fue en una horquilla situada a media altura del tronco de ese nogal donde yo acomodé mis posaderas nada más verlo, cosa que sucedió menos de veinticuatro horas después de que llegase por primera vez a Soria, y allí, leyendo, y leyendo, y leyendo, y también oyendo sin escuchar el ruido del mundo y la banda sonora de los miembros de mi familia –cuyas voces, risas y silencios me llegaban desde el jardín, el porche y la terraza– y de quienes, algo más lejanos, bogaban por el río o en él se bañaban, fundí muchas, muchísimas horas, siempre vespertinas, de mi infancia, de mi adolescencia y del brioso arranque de mi juventud. *¿Días enteros en las ramas?* Pues sí, con permiso de Marguerite Duras, que fue quien tituló de ese modo una de sus novelas. Y también, aún más, el varias veces citado *barone rampante* de Italo Calvino, que –como yo, salvando las distancias– creció, se ilustró, se hizo hombre, se enamoró, se convirtió en un revolucionario, vivió, se encontró con todas las luces y fuerzas de lo invisible, y también de lo visible, y murió sin apearse nunca de las copas de los árboles. Cosas así –hablo ahora sólo de mis lecturas entre las frondas del nogal– no se olvidan, entran en el cerebro por los ojos y por los demás sentidos, pasan desde sus lóbulos a la sangre, riegan con ésta todo el organismo y desembocan, finalmente, en el corazón.»[1]

57. No ahorres por ahorrar, aunque sí para alcanzar un objetivo concreto.

Es decir: aplica juiciosamente la doctrina de Buda expuesta por Jesús en el Sermón de la Montaña.

Y, en cualquier caso, deténte a tiempo... Esto es: cuando aún te quede por delante, al menos en teoría, vida suficiente para gastar lo que has ganado. Sólo los avaros de opereta y los tontos de solemnidad aspiran a ser los más ricos del cementerio. Y en cuanto a la herencia... Bueno, ya se apañarán, ¿no? Haz un favor a tus herederos, déjales que citen de frente a la vida, bríndales esa oportunidad.

58. Haz las cosas por ellas mismas, no por sus frutos.

El consejo –determinante: sin él no hay sabiduría posible– es, cómo no, de la Baghavad Gita.

¿Quieres que te lo diga más clarito? Sea: no trabajes nunca ni inviertas tiempo en nada que sólo te dé dinero, honores, popularidad, prestigio...

1. *La del alba sería*, pp. 250 y 251.

Encuentra cuál es tu vocación –¡ay de quienes no la tienen o no saben que la tienen!– y haz todo lo necesario, sin distracciones ni cicaterías, para llevarla a puerto sin olvidar que la vela –tu voluntad– propone y el viento –tu Fuerza– dispone.

59. Jamás te olvides de que el dinero lo destruye todo.

Sí, todo: el amor, la amistad, la familia, el compañerismo, la honradez, la belleza, las costumbres, el paisaje, la arquitectura, la literatura, la pintura, el cine, la gastronomía... O sea: la urbe, el orbe y la condición humana.

Podría escribir un libro entero, de muchas páginas, para demostrarlo. No lo haré. Doquiera mires *è così*, y a otra cosa.

60. No te enriquezcas.

Y, de ese modo, no serás destruido.

61. No juegues a la Bolsa.

Es infantil, es inmoral, es estúpido.

El dinero, a la larga, nunca puede generar riqueza. Es el trabajo, sólo el trabajo, lo que la genera.

Ser *broker* es no ser nada. Piensa en ello, lee el terrible pasaje de *La hoguera de las vanidades*, de Tom Wolfe, en el que la hija –aún muy niña– del protagonista, que es un agente de Bolsa, le pregunta por su profesión, por su oficio, por lo que hace...

Entregar tus ahorrillos a un *broker* es el mejor sistema conocido para que, antes o después, se conviertan en humo, en vilanos, en musarañas.

Mejor el parchís que el parqué.

62. Saca el dinero del banco y escóndelo en un lugar seguro.

Donde lo tienes ahora, no lo es. El día menos pensado van a darte con la puerta debidamente blindada en el cierre del monedero.

No sé –aún– si es –ya– probable que el virus del *corralito* prenda en Europa y territorios afines, pero sí sé que esa posibilidad se cierne como una ave financiera, digo, carroñera, sobre tu bolsillo.

De los avisados deberían nacer los escarmentados, y no al revés, como asegura el refrán.

Seré, si me equivoco, si mi alarmismo sólo es fruto de mi inclinación a la prognosis catastrofista y a las cábalas apocalípticas, el primero en alegrarme, pero de momento, por si acaso, voy a levantar un muro berlinés y a poner tierra por medio entre las ventanillas de los bancos y mi persona.

¿Toma el dinero y corre? Pues sí, de eso, justamente, se trata,[1] pero no es cosa tan sencilla como parece. El Gran Hermano tratará de impedirlo. Le va en ello la supervivencia.

Ya te contaré...

Deséame suerte.

1. Y así, de paso, estarás contribuyendo –hombro con hombro de otros hombres– a que se hunda el Sistema.

63. No consumas.

¿Quieres descabezar a la Hidra? ¿Quieres degollar al Minotauro? ¿Quieres desjarretar el Sistema?

Déjate de algaradas infantiles, de pataletas de adulto, de utopías revolucionarias, de socialismos zapateros, de juergas generales, de alborotos contra la globalización... La victoria está a tu alcance: basta con que dejes –con que todos dejemos– de consumir. Es sencillísimo: compra sólo lo necesario. Yo llevo décadas haciéndolo, y aquí me tienes. El consumo consume. Si dejas de consumir mejorará, paradójicamente, tu nivel de vida y el ecosistema –que es lo contrario del Sistema– recuperará parte de lo perdido, de lo consumido.

Fue Gandhi –el político (aunque *stricto sensu* no lo fuese) más importante de los dos últimos milenios– quien subrayó la evidencia de que *no es más rico quien más tiene, sino quien menos necesita*.

64. Aborrece el lujo.

Las vicisitudes de mi existencia –las cosas de la vida, ¡vaya!... No nos pongamos refitoleros, mi señor don Juan de Mairena, no nos recreemos en la suerte de *los eventos consuetudinarios que acontecen en la rúa*.

Decía que las cosas de la vida –de mi vida– me han obligado en no pocas ocasiones a visitar las casas de los ricos, a departir con quienes en ellas moran, a merodear por sus interiores y por sus alrededores. Y he llegado a la conclusión de que nadie vive tan mal como los opulentos.

Sé que suena raro y que los pobres no me creerán, pero *è così*. Palabra. También pensaban lo mismo, aunque no predicasen con el ejemplo, Hemingway y Truman Capote. Tanto el uno como el otro, aficionados los dos a compartir mesa, sobremesa y a veces cama con los lechuguinos, damiselas y cachalotes de la alta sociedad, sabían, sin duda, lo que se decían. Para conocer al monstruo hay que aposentarse en sus entrañas como lo hizo Jonás en el vientre de la ballena.

Aportaré sólo una prueba de cargo, no por minúscula menos significativa: en las casas de los ricos, durante las comidas, la botella de vino no está sobre la mesa y al alcance de la mano, sino en un lugar remoto al que sólo la servidumbre tiene acceso. Es el suplicio de Tántalo: quieres refrescar el gaznate, tu copa está vacía, miras ansiosamente a tu alrededor, contemplas con envidia el vaso del vecino en el que aún queda un dedo de tintorro, procuras que tus ojos suplicantes se crucen con el iris altanero del sumiller, del mayordomo, de la mucama, del palafrenero, del marmitón, del botones, de la madre que lo trajo al mundo, y por fin, alrededor de media hora más tarde, tus mudas plegarias son atendidas y un lacayo vestido como para asistir a la ceremonia de entrega del premio Cervantes se te acerca con una sonrisa obsequiosa y derrama en tu cáliz de cristal de Bohemia unas cuantas gotas del alcohólico elemento.

¡Uf!

Y así, con todo.

Quienes mejor han vivido aquí abajo desde que el mundo es mundo son los afortunadísimos miembros de la clase media, a la que por derecho de familia y de salario me honro en pertenecer. Ése sí que es un buen *karma*.

Cuando un ricachón –o un político en el poder: tanto monta– me invita a cenar, salgo corriendo y pido asilo en la taberna más cercana, donde siempre hay gentes del común con las que conversar sin zalemas y un vaso lleno, y bien lleno, de *bon vino* a mi disposición. ¡Salud!

65. Desprecia la comodidad.

Nacer no es cómodo, morir no es cómodo, vivir no es cómodo, la tierra –el mundo denso, el microcosmos– no es cómoda, las cosas del sentir y del pensar no son cómodas, estudiar no es cómodo, envejecer no es cómodo, no venimos aquí para estar cómodos, ya lo estaremos, si acaso (se supone), en el más allá, muellemente reclinados sobre un triclinio de plumón de cisne de ópera de Wagner mientras apuestos angelotes y angelotas tetudas tocan el arpa y otros instrumentos no estrictamente musicales en las cercanías y sobre las curvas y por entre las protuberancias de nuestros cuerpos gloriosos.

Pero aquí, en el ínterin, no. Nos hemos encarnado, digo yo, para experimentar, para crecer, para aprender, para ayudar, para enseñar, para purgar, para descubrir... Las carabelas de Colón tampoco eran cómodas. Los comodones no saben lo que se pierden: se van de la vida sin catarla, se limitan a picotear en ella como si fuesen pollos criados en batería.

Y, sin embargo, nueve décimas partes de la humanidad –cálculo optimista– prefieren morir de asfixia rasgando a todo motor la túnica del ozono a sudar un poquito, como es natural, mientras transcurre el verano, que ahora dura dos días, en el interior de sus coches o de sus viviendas.

Esa conducta, más que irritarme, me pasma. Hay que ser idiota, pero que muy idiota, para quemar el escaso oxígeno que nos va quedando en aras de la santificación y utilización del dichoso (y odioso: pregúntaselo a tu garganta) *aire acondicionado*.

Así va el mundo, ése es, amigo mío, el supuesto *homo sapiens*, que será, posiblemente, mi hermano, pero no –por favor, no me queráis tan mal– mi semejante.

Yo no pertenezco a la especie de los depredadores.

¡Ah, el hombre masa, de nuevo el hombre masa, siempre el hombre masa![1] Quienes no lo somos estamos rodeados y, por culpa de la socialdemocracia, acogotados.

Cuesta trabajo creerlo, pero hay tipos –y tipas– que te preguntan, cuando les hablas de algún lugar paradisíaco, pero remoto e ignoto, que si hay en él hoteles de cuatro estrellas.

Por eso, seguramente, se fabrican ataúdes acolchados con tapicería capitoné. Viene a ser lo mismo: mal genio, figura y *confort* hasta en la sepultura.

¿Oyeron hablar de la boca del asno que no merece la miel y de las margaritas que se arrojan a los chanchos?

Quien se pique, ya sabe.

66. Sé humilde.

Eximio viene de *ex-simio*...

Lo sé, es sólo una ocurrencia, pero no eleves el polvo del que estás hecho a la condición de barro.

1. Vid. mandamiento cuadragésimo tercero.

Dicen en África que al mono, cuanto más arriba trepa el árbol, más se le ve el culo vestido de seda.

67. No opposites a nada. No seas funcionario. No te eches ese dogal al cuello.

La famosa maldición bíblica no se refiere al trabajo en general, sino al trabajo *fijo*. Huye de él a velas desplegadas o con hélices en los pies. No inciensos ante ese lúgubre altar de la mitología de nuestra época. No seas cómplice activo ni pasivo de la esclavitud, porque esclavitud es, sin grilletes y con recochineo, lo que el Discurso de Valores Dominantes –tantas veces traído por mí a colación– te presenta como si fuese una bienaventuranza.

Tampoco seas cobardica. No pasa nada. Yo he dejado voluntariamente en la cuneta, a lo largo de mi vida, todas los posiciones laborales conquistadas –*todas*, digo: nunca me han echado de ninguna– y siempre he encontrado otras mejores. En ello sigo.

Puedes estar seguro de que si algún día tuviese que trabajar de barrendero o de sepulturero, sepulturero o barrendero sería.

¡Qué placer el de ir acumulando experiencias, perspectivas, mudanzas, novedades!

Soy hombre cortés y cariñoso: cuando alguien cercano a mí saca unas oposiciones, no me duelen prendas, corro hacia él, me vuelco, palmoteo su espalda, le acompaño en el sentimiento...

¿No estaba prohibida en Europa la pena de muerte?

68. Recuerda que la vida es un puente y que nadie en su sano juicio construye nada sobre los puentes.

Excepto el Sumo Pontífice, claro, que hace honor a lo que su apodo sugiere. Suya, en efecto, es la responsabilidad de la apabullante cúpula del Vaticano y del resto de las pompas de la Iglesia.

¿A do fueron las sandalias del pescador?

69. Transgrede, rompe tabúes, adéntrate en lo desconocido.

¿Eres un hombre justo? Te lo pregunto porque los cátaros decían que «al hombre justo todo le está permitido».

Menos una cosa, añado yo: perjudicar al prójimo en lo que verdaderamente le perjudica (y no en lo que el prójimo, si es del montón, cree que le perjudica).

Tengo un reloj de oro filosofal en cuya tapa trasera puede leerse, inscrito alrededor de un laberinto, el lema de los alquimistas: *obscurum per obscurius, ignotum per ignotius*... O sea: «a lo oscuro por lo más oscuro, a lo desconocido por lo más desconocido».

Y, ya que estamos de citas, recordemos que –según Henry Miller– cada vez que se viola un tabú sucede algo estimulante.

Prueba, y verás.

70. Ingiere sustancias enteogénicas (que no, como dice el vulgo, alucinógenas) por lo menos una vez al año. Y si son dos o más, mejor.

Aludo a todo lo que induzca iluminaciones de ésas a las que llaman *psiquedélicas*: el ácido lisérgico, la mescalina, la psilocibina, la ketamina, la ayahuasca, el peyote...

El hachís y la marihuana también las inducen, pero su virtud, su *ki*, su energía, su Fuerza, es mucho menor. Más vale, en todo caso, ingerirlo que inhalarlo.

Enteogenia: término acuñado por el etnomicólogo Gordon Wasson para designar lo que otros llaman, tirando por aproximación, *psicodelia, psiquedelia, psicotropismo* o *psicomimetismo*. Significa, aproximadamente, «aparición o manifestación del Espíritu en la conciencia de una persona».

Ya he escrito en otras partes cuanto tengo que decir sobre este asunto. Si te interesa, y quieres conocer detalladamente mi opinión, consulta, por ejemplo, *La del alba sería*[1] y *El camino del corazón*.[2] Reproduzco aquí algunos párrafos de la primera obra citada. Dicen así:

«Quede, asimismo, no menos claro que *personalmente* no me interesan ni poco ni mucho ni nada los opiáceos, los barbitúricos, las benzodiacepinas, la cocaína y sus derivados, las anfetaminas (aunque ocasionalmente recurra a ellas para quitar horas al sueño y añadirlas al ejercicio de la literatura, que es mi mejor y más intensa amante) ni, en general, ninguna sustancia psicotrópica que no conduzca al éxtasis ni induzca experiencias enteogénicas en toda la literalidad de esta palabra (vale decir: que no suscite la manifesta-

1. Véanse pp. 292 a 336, et alia.
2. Capítulos cuarto y séptimo.

ción de lo divino, o de lo sagrado, dentro de los confines de la conciencia). Pero, al mismo tiempo, que nadie se confunda, crezca y encampane por lo que acabo de decir atribuyéndome intenciones represivas o condenatorias respecto a los usuarios de tales sustancias, por estúpidas o infecundas que me parezcan, pues por encima de cualquier otra consideración está mi respeto al libre albedrío de todos los seres humanos y mi subsiguiente y consecuente convicción de que los poderes públicos, ya sean democráticos, ya dictatoriales, ya (como suele suceder) ambas cosas simultáneamente, no tienen derecho alguno a decir ni mu en lo relativo a una cuestión que pertenece única, exclusiva e inalienablemente al ámbito de la vida privada de cada hijo de vecino. Y, si fuese necesario llegar a tan melodramáticos extremos, sepan las autoridades de mi país y de cualquier otra nación o institución supranacional del globo que estoy dispuesto a padecer –y no precisamente en nombre de Cristo ni de nadie, sino de la libertad– esa persecución a causa de la justicia, o de lo que en este caso yo creo que es la justicia, a la que aluden las bienaventuranzas.

»Por otra parte, y con ello termino, sólo aconsejo la ingesta de enteógenos para los fines de iluminación (y no de frivolidad y mera ludopatía) que les son consubstanciales, intramuros de un recinto sagrado –que puede ser real, mental o las dos cosas a la vez– y, caso de ser posible, bajo la vigilancia de un chamán o de cualquiera de sus similares en saber y en gobierno, aunque esta tercera condición sólo rige para quienes dan sus primeros pasos por el camino del éxtasis y no para quienes ya han alcanzado éste con anterioridad, y con cierta regularidad y tranquilidad, por vía psiquedélica o por cualquier otro procedimiento (verbigracia: ayuno, meditación, soledad, trance artístico, experiencias limítrofes con la muerte, desprendimientos astrales, plegaria, respiración holotrópica, audición espontánea o inducida de la música de las esferas, estados de semivigilia, agotamiento, avistamiento de ovnis, epilepsia, embriaguez dionisíaca, cópula tántrica y un corto etcétera).

»Sacramentalidad: he ahí la clave. Sólo para alcanzarla, conocerla, disfrutarla y –cuando sea posible– quedarse en ella me parece lícito, lógico y aconsejable el uso sin abuso de las drogas enteogénicas. Quien las tome sólo para aturdirse, reírse sin ton ni son, meterse en discotecas, escuchar a los Rolling Stones o follar a troche y moche es, simplemente, un cretino de la modernidad que degrada su condición de ser humano y que se expone a gravísimos albures, sin excluir el del descerebramiento. Es ésta –la extrapolación profana de los enteógenos respecto al recinto sacramental acotado por sus propias virtudes psicoactivas– una de las más letales dolencias del siglo que ahora termina.[1] Tanto, mis queridos gilipollas de la ruta bakaladera,[2] que no parece exagerado calificar la situación –tal como desde otro punto de vista, coincidente con éste, lo hace Jonathan Ott– de verdadero «cataclismo cultural y holocausto biológico». «Es probable –como escribía Robert Graves en mil novecientos ochenta– que lo que durante miles de años ha sido un elemento secreto y sagrado, confiado tan sólo a gente escogida por su buena conducta y por su integridad, sea ahora robado por desencantados que

1. Escribí esto en 1996.

2. Creo que ya –lo digo en el 2002– no existe, pero los gilipollas siguen en sus puestos. Mala hierba...

buscan sensaciones».[1] Pues bien: ya estamos en ello, ese expolio de las manzanas del Jardín de las Hespérides ya se ha producido. Y los culpables no son, ciertamente, los lechuguinos y cantamañanas que engullen ácidos como quien toma aspirinas para menear el esqueleto, sudar la gota gorda e imitar a los chimpancés en el ensordecedor, contaminado y estroboscópico recinto de una macrodiscoteca, sino los abominables y respetables hijos de puta que en nombre de la ley, del orden, de la salud, de la CIA, del FBI, de la Casa Blanca, del Pentágono, de la Adoración del Becerro de Oro y de la pleitesía a un sistema que no se basa –como lo hacía el antiguo paradigma– en el *tanto eres, tanto vales* de Eleusis, sino en el *tanto tienes, tanto pesas* de Wall Street, han declarado ilegal el fruto del Árbol de la Ciencia. Que Dios se lo demande.

»Regreso, confío en que por última vez, al tantas veces por mí saqueado Josep Maria Fericgla, que escribe: «En nuestra habla cotidiana, entre los numerosos individuos que nunca han experimentado el éxtasis, esta palabra significa sólo algo divertido (Wasson, 1980, 29-30): a menudo encontramos personas que nos preguntan por qué no tomamos matamoscas[2] cada noche. El éxtasis, sin embargo, no es ninguna diversión. Es el alma de uno mismo que se sacude hasta la conmoción. Al fin y al cabo, como dicen diversos autores experimentados en el tema y también los mismos místicos,

1. Cito a través de J. M. Fericgla, *El hongo y la génesis de las culturas*, en Los Libros de la Liebre de Marzo, Barcelona, 1994, p. 177. La fecha mencionada se refiere, supongo, a la publicación en España de *Los dos nacimientos de Dionisio* (Ed. Seix Barral). Graves, en dicho año, no estaba ya para tales trotes.

2. Uno de los muchos nombres con los que popularmente se conoce la *amanita muscaria*.

¿quién buscará sentir el temor terrible de una revelación absoluta, traspasando esa puerta de las maravillas que nos sitúa ante la Presencia Divina, de una manera inconsciente o por simple diversión? Nadie, excepto el ignorante».[1] *Just so.*

»Ya termino, esta vez de verdad, y vuelvo adonde solía. No figuraba entre mis intenciones la de ponerme a filosofar sobre las drogas, pero ha venido rodado –y arrastrado por las imprevisibles, indomables y cervigudas bestias de tiro de la *libre asociación*, a cuyos flujos y reflujos jamás me resisto– y bien está. Antes o después tendría que haberlo hecho, probablemente al llegar, en el curso de estas memorias, a la etapa de la juventud o, mejor dicho, a la de la madurez, ya que *stricto sensu* no me sentí eso, maduro, hasta que no tuve mi primer trance enteogénico inducido por drogas (pues a cuenta de otros factores y catalizadores sí los había vivido) de la mano y bajo la férula de Francesco Bártoli (lo que, como ya he contado, me sucedió *ai trentatrè anni*, o quizá, a los treinta y cuatro, pero frisando, sea como fuere, *nel mezzo del cammin di nostra vita*, coincidencia que no deja de ser curiosa y, seguramente causal, no casual), de modo que eso llevo adelantado. Fue, en todo caso, a partir de esa fecha para mí crucial cuando verdaderamente empecé a interesarme *de corazón* por las experiencias psiquedélicas y a recorrer con el fervor del neófito el borgesiano jardín enteogénico de los mil senderos que se bifurcan. Me inicié tarde, sí, al menos, para lo que ahora se estila, pero vive Dios que lo hice con tal denuedo que no tardé en recuperar el terreno cedido y en ponerme

1. Op. cit., p. 107.

a la altura de lo que la Década Prodigiosa exigía. Muchos de mis encuentros con lo invisible –y con lo sagrado– se produjeron entonces, al impulso de esa ráfaga, al calor de ese fuego, por la brecha de ese precipicio y a rastras de ese torrente. Un poquito de paciencia. No hay plazo que no se cumpla. Todo se andará.»[1]

71. Desconfía de quienes te dicen que ellos no necesitan enteógenos.

¡Pues claro! Ni ellos ni nadie. Tampoco, que yo sepa, es estrictamente necesario leer el Quijote.

72. *Turn on, tune in, drop out.*

Fueron Timothy Leary, Ralph Metzer y Richard Alpert –los tres diosecillos laicos de la Santa Trinidad que a mediados de los sesenta creó *ex nihilo* y lanzó al mundo, desde la plataforma del Departamento de Psicología de la Universidad de Harvard, el glorioso movimiento psiquedélico norteamericano– quienes acuñaron esta frase, esta consigna, esta hoja de ruta, este manual de instrucciones para psiconautas: *conecta, sintoniza, fluye*...

Para que una radio –valga el símil– funcione hay que activarla *(turn on)*, buscar en el dial la frecuencia de una emisora *(tune in)* y poner atención a lo que sale de los altavoces dejándose llevar *(drop out)* por el flujo de las ondas. Las tres operaciones son im-

1. Op. cit., pp. 327 a 331.

portantes, además de necesarias, pero la tercera es decisiva y coincide, ce por be, con lo que veintiséis siglos antes había dicho Lao-Tsé: imita al agua, que todo lo vence porque a todo se amolda, fluye, sé flexible, vibra, adáptate siempre a las circunstancias, no te opongas al rumbo del viento, no luches, no te enfrentes, no ofrezcas resistencia, no rompas la baraja, cede, pero no cejes, no te detengas, no te estanques, no mires atrás... Quien frena en una curva, amigo lector, y el viaje psiquedélico está lleno de ellas, sale despedido, se estampa y termina, despanzurrado o, como mínimo, seriamente magullado y humillado, entre abrojos y rastrojos.

Y así se convierte en pesadilla la maravilla del viaje psiconáutico.

Si te embarcas en él, lector, pase lo que pase, veas lo que veas, oigas lo que oigas, notes lo que notes, no te asustes, dalo por bueno, sonríe, discurre (en los dos sentidos de la palabra) y no pises, insisto, el pedal del freno ni tires de las riendas de tu caballo.

Vale decir: *drop out*.

E, incontinenti, los fantasmas se desvanecerán.

La fórmula sirve también para el período de *vida entre las vidas*, para tu estancia en el Bardo, para el viaje del más allá.[1] El ámbito de la enteogenia es el mismo de la conciencia.

Chau. Nos vemos en el paraíso, en la apoteosis de la ética, en el valle de la felicidad, en el alto llano de la sabiduría.

1. Vid. el texto y las notas que acompañan el quincuagésimo quinto mandamiento de este código.

73. No tengas miedo. No hay nada que temer.

Perdona que recalque lo que ya he dicho aquí en más de una ocasión. Toda insistencia es poca. *Ser bueno es ser valiente.*[1] Quien se arruga, quien baja los ojos frente al dragón, quien desvía la mirada, se torna vulnerable y deja, momentáneamente, de ser inmortal.

No entres a ese trapo, no pases por ese trago. «Los yunques y crisoles de tu alma, / ¿trabajan para el polvo y para el viento?»[2]

74. Haz lo que temes y el temor desaparecerá.

Ya sabes –lo dije, ¿no?– que el consejo es de Krishnamurti.

Añádelo al mandamiento anterior y...

Te lo aseguro: mano de santo. Krishnamurti, de hecho, lo era.

75. Arriesga siempre. Morir no importa.

Más de lo mismo.

Detrás de nuestros temores está siempre, alimentándolos, atizándolos, el miedo a la muerte. Si lo derrotas, serás feliz y harás felices a los tuyos.

No sólo eso: te sentirás, por añadidura, libre –no hay felicidad sin libertad, aunque sí exista, por desgracia, libertad sin felicidad– y harás, con tu ejemplo, un poquito más libres a quienes te rodean.

1. Antonio Machado.
2. Ídem.

76. La muerte es el momento más importante de la vida. Piensa a menudo en eso. Imagínala. Reconcíliate con ella. Deséala. Llévala siempre por compañera.

Nadie tiene miedo a lo cotidiano, tememos sólo lo desconocido...

Haz, pues, cotidiana tu muerte, ábrele las puertas de tu domicilio.

¡Con decirte que yo he encargado ya, aunque todavía no me lo han entregado, un ataúd de madera de pino sin desbastar, como los que se ven en las películas del Oeste, para tenerlo cerca de mí, en el desván donde escribo mis cosas y me aíslo del mundo!

Me meteré en él para descansar, para familiarizarme con sus rugosas paredes y, sobre todo, para meditar. Será una madriguera tan silenciosa y, a la vez, tan locuaz como esos cartujos que, al cruzarse en las horas de recreo, sólo dicen:

–Hermano, morir habemus.

Y el interlocutor les responde:

–Hermano, ya lo sabemos.

Tú también lo sabes. ¿A qué ton fingir lo contrario?

77. Y, sin embargo, no tengas prisa en morirte.

Yo no la tengo. Me gusta estar aquí. Me divierte. Me interesa. Me excita. Me embriaga. Sigo creciendo, sigo aprendiendo, sigo enseñando lo aprendido, sigo ensanchándome, sigo disfrutando... Exclamaba Rubén en el mejor poema salido de su pluma:[1] «¡Y la muer-

1. «Lo fatal» (en *Cantos de vida y esperanza*).

te que espera con sus fúnebres ramos! / ¡Y la vida que tienta con sus frescos racimos!».

No sólo eso. Aún me quedan muchas cosas que hacer aquí: acometer determinadas experiencias, emprender algunos viajes, leer y escribir ciertos libros, estar con la gente que quiero, andar al quite de mi descendencia, seguir aprendiendo a morir...

Insh'allah!

78. Recuerda, por cierto, que el suicidio es una de las modalidades del aborto.

Lo digo, abundando en lo que acabo de exponer y proponer, porque ambas decisiones –la de abortar, la de suicidarse– conducen a lo mismo: a interrumpir un proyecto vital, a impedir que éste se realice según lo preestablecido por el *karma*. ¡A tanto llega el poder y el radio de acción del libre albedrío!

Si te suicidas, dicen los maestros, volverás a enfrentarte en el curso de tu siguiente encarnación con los mismos problemas que te llevaron a tirar en ésta la toalla.

Tendrás, pues, que empezar de nuevo a devanar la misma madeja. El suicidio no te habrá servido para nada.

79. Prohíbe las pompas fúnebres alrededor de tu féretro.

¡Pero qué digo! Todas las pompas son fúnebres. No las aceptes tampoco alrededor de tu vida ni, menos aún, dentro de ella.

Son ridículas, quitan tiempo, aturden, carecen de decoro, retrotraen, animalizan...

Déjate de pavoneos. No hay signo de reconocimiento más alto que el de la buena conciencia. Todo lo demás es guirigay, *vanitas vanitatis* y, por supuesto, horterada.

80. No aceptes medallas ni honores ni homenajes.

Reléase el mandamiento anterior.

Puntualizo, menciono dos excepciones, dos salvedades...

La primera se refiere a los premios en metálico. Cabe considerar éstos como emolumentos por los servicios prestados. Y, aunque no lo sean, ese dinerillo extra puede servirte no para gollerías, sino para ayudar al prójimo y para que puedas dedicar más tiempo a lo esencial, arrebatándoselo a lo accidental.

Y, a lo mejor, también se lo quitas –cuando el premio sea institucional, ¡oh!– al erario público, lo que te convertiría en meritorio émulo de Robin Hood y benefactor de la especie humana.

De ser así, vuelve a aplicar la fórmula de Woody Allen *(horresco referens):* toma el dinero –sobre todo si es del Estado. El que roba a un ladrón...– y corre.

Segunda salvedad: sé correcto. Tampoco es cosa de armar la de San Quintín por una bagatela. Nunca hay que perder los buenos modales. Si se empeñan –quien se empeñe– y no te dejan escapatoria, aplica el consejo del Tao al que aludí en el texto del septuagésimo tercer mandamiento: sé como el agua, adáptate, no seas grosero, acepta sin alharacas lo que con tanta insistencia se te concede, conserva en ese instante –el de la proclamación, el de la entrega– la dignidad y esfúmate luego discreta y silenciosamente por entre los bastidores.

81. Recuerda que después de la muerte sólo conservarás de la vida todo aquello que no se puede perder en un naufragio.

Ten cordura. Despójate poco a poco. No llegues al último suspiro con las alforjas llenas. No hay lugar para pecios en los océanos de ultratumba.

Machado, siempre Machado… «Cuando llegue el día del último viaje / y esté al partir la nave que nunca ha de tornar / me encontraréis a bordo ligero de equipaje, / casi desnudo, como los hijos de la mar.»

82. Ve a solas por la vida, como lo hizo don Quijote y como lo hacen los gatos, pero no te aísles, como lo hizo Robinson.

Suelo escribir frases cargadas, para mí, de significado en baldosines que después cuelgo de las paredes de mis casas. Ésta es una de ellas. Fue el valenciano Gil-Albert quien la concibió. Hoy, sin su permiso, porque está muerto, la hago mía. Hazla también tuya, si te convence, si le ves la chispa y el chiste.

83. Marginado, pero no desarraigado.

Otro de mis baldosines, aunque la frase sea esta vez de mi cosecha. No añade nada a la anterior, pero la remacha. La gente es muy olvidadiza y se distrae con facilidad. Yo, también. Mejor repetir las cosas y no darlas nunca por sabidas. Es, si me lo permites (y si me perdonas, de paso, la petulancia), otro buen consejo.

84. Vigila el sueño de los niños mientras duermen.

Seré tan inescrutable como mi héroe (y maestro) Guillermo Brown en sus mejores momentos: lee con fruición la historia del gato que va solo, incluida por Kipling en su último libro,[1] y entenderás, seguramente, por qué te doy este consejo.

Es lo que hacen los escritores, ¿no? Vigilan, siempre alerta, a las demás personas –no sólo a los niños– mientras duermen y así se enteran, y a veces se apoderan, de sus sueños. Sin ese abordaje, sin ese acto de noble e incruenta piratería, no existiría la literatura.

85. No te burles de los sueños ajenos...

... por disparatados que te parezcan.

Un hombre sin sueños es muy poca cosa. Imagina en qué te quedarías tú si te arrebataran ese patrimonio.

86. No conviertas tus sueños en objetivos.

El consejo vuelve a ser de Kipling. Lo incluyo en el *If*.[2]

1. *Just so*. En español se titula *Precisamente así (Historias para niños y para quienes aman a los niños)*. Sería una lástima que estuviese descatalogado, pero así va el mundo.

2. Vid. p. 271 en los apéndices de este libro.

Los sueños son y deben ser irrealizables. Si no lo fuesen, dejarían de ser sueños y se transformarían, por ejemplo, en ilusiones... O sea: en frustraciones.

No seas iluso.

87. No pierdas una amistad a causa de una disputa.

Mucha gente lo hace, y yo no lo entiendo. Eso sí que es subvertir gravemente la jerarquía de los valores.

Volvamos al *If*, volvamos –y van tres– a Kipling: «Si a sesenta segundos de distancia / el minuto alejáis de odio y reproche...».

88. Si dices «lo siento», mira a los ojos de la persona que te escucha.

Y así sabréis los dos que no estás mintiendo.

89. No seas rencoroso. No admitas la falacia de que vengarse es dulce. El perdón honra a quien lo da y a quien lo recibe.

No sólo eso. El corazón de quien perdona o de quien es perdonado se llena instantáneamente de gozo. Hay muy pocos atajos que conduzcan con tanta eficacia y rapidez a la felicidad. Ésa es, al menos, mi experiencia.

Carezco de ésta, en cambio, por lo que hace a la venganza. Nunca me he vengado de nada ni de nadie, pero estoy absolutamente convencido, pese a ello, de que el vengador, después de vengarse, no sólo no disfruta de su venganza, sino que se siente como un perro balinés.

90. El perdón debería ir seguido por un gesto de reparación, pero eso ya no es asunto de quien perdona, sino del perdonado.

Sé de fiar: paga tus deudas, alivia los números rojos de tu *karma*. De lo contrario, perderás tu crédito.

91. Di siempre «¡Jesús!», aunque no seas cristiano, cuando alguien estornude.

No cuesta nada ser simpático, no cuesta nada ser cordial, no cuesta nada saludar y sonreír a todo el mundo, incluyendo a los desconocidos.

Así dejarán de serlo.

92. Échate por lo menos un enemigo al día, pero haz las paces con todos antes de morir.

No es una errata. Has leído bien: pone *enemigo*. Si pusiera *amigo*, sería una simpleza, una perogrullada.

En Occidente choca, ya lo sé, este consejo –en apariencia paradójico– que viene de Oriente, pero eso es sólo la primera impresión.

Reléelo, analízalo, búscale las costuras, reflexiona y llegarás tú mismo, supongo, a la conclusión no sólo de que el axioma tiene su lógica y su miga, sino de que ésta es verdaderamente sabrosa y aquélla, aplastante.

Si damos por bueno el tópico –avalado tanto por la experiencia de muchos como por la mera observación de la realidad– de que agradar a todo el mundo es imposible, ¿qué clase de persona (o, más bien, de no-persona, de *impersona*) sería aquella que careciese de enemigos?

Sólo los políticos que se mueven en el ámbito de la democracia tienen esa absurda pretensión electoralista, pero todos sabemos que el tiro, afortunadamente, les sale una y otra vez por la culata. De lo contrario estaríamos ya –ellos y nosotros– atrapados en la encerrona de la unanimidad (que es lo opuesto a la *unamunidad*), del pensamiento único y de los regímenes plebiscitarios.

Vale la comparación, pues del mismo modo que no gobierna, sino que pastelea, quien no aplica un determinado programa, bueno, regular o malo, pero propio, tampoco tiene personalidad alguna –mala, regular o buena– quien baila constantemente, como los osos de los gitanos, al son del pandero que los demás le tocan.

Si no siendo un hideputa ni haciendo daño a nadie tienes enemigos, es porque ya *eres* o, de no ser así, porque estás en el mejor de los caminos: el que, sin ceder a nada, sin casarte con nadie, te hará *llegar a ser*.

Llegar a ser –aclaro innecesariamente– tú mismo, *individual,* irrepetible, roto el molde, y no –aborregándote, sumándote a la masa– llegar a ser *como todo el mundo*.

En otras y más contundentes palabras: quien sólo tiene amigos es un botarate, un hipócrita o un dontancredo. ¿Cuántos enemigos estoy ganándome yo al publicar esta obra? Confío en que sean muchos y en que vociferen, porque si no lo hacen, no me enteraré de su existencia. Sería una lástima.

Lo ideal, a mi juicio, sería tener en contra al cuarenta y nueve por ciento de los seres humanos, pero tampoco es dolencia grave, sino todo lo contrario, estar en abierta minoría. Procura, eso sí, contar por lo menos con un voto que te respalde: el tuyo.

Y si tu cónyuge y tus hijos también te lo dan, mejor para ti y para el buen funcionamiento de tu familia.

Considera, por último, que quien no tiene enemigos, tampoco tiene amigos. Son, los unos y los otros, cara y cruz de la misma moneda.

En cuanto a lo de hacer las paces con todos antes de morir, ¿qué podría decirte? Es, así mismo, y sin meternos en legítimos dibujos sentimentales, un acto de pura lógica: no acierto a imaginar qué función correspondería a los enemigos en el ámbito del macrocosmos... Dicen, en cambio, que los amigos acudirán a darnos la bienvenida cuando pisemos la clara luz de los Campos Elíseos. Ojalá resulte cierto. Yo no estoy nada seguro de que sea así.

93. Sostén todas las noches durante unos segundos tu mirada en el espejo.

A eso me refería...

Si no lo consigues, tendrás insomnio, pero si la aguantas –basta un instante– y si tu mirar es limpio, felicítate, porque eso significa que estás siendo quien eres.

94. No compitas.

Quien compite, divide, pero recuerda que sólo lo material –la esfera del tener– admite troceamientos, títulos de propiedad, parcelaciones.

Quien no compite, en cambio, abarca y aprieta. En la esfera del ser no hay líneas topográficas ni geodésicas, ni linderos, ni demarcaciones, ni fragmentaciones. El Uno es indivisible. El Todo, también.

¿Qué prefieres? ¿Restar o sumar? ¿Dividir o multiplicar? *¿Tener* o *ser*?

El arquero *zen* jamás marra un golpe: la flecha de su arco percute siempre el centro de la diana.[1] ¿Cómo lo consigue? Nada más fácil: no compitiendo. Le importa un rábano que el proyectil alcance su objetivo. Y el proyectil, a impulsos de ese desapego, de esa decisión moral de hacer las cosas por sí mismas y no por sus frutos,[2] lo alcanza siempre.

Decía Dashiell Hammett, judeocristiano –por izquierdista– hasta las cachas de los revólveres de sus personajes, que las cosas son de quienes más las desean. Es exactamente lo contrario de lo que piensan los budistas, los taoístas, los hinduistas... Y de lo que pienso yo.

Tú verás. Crecer o disminuir: *that is the question*.

Exclamó Claudio Rodríguez: «Dad al aire mi voz y que en el aire / sea de todos y la sepan todos...».

¡Qué sacrilegio, sí, el no poder ser hostia para darse![3]

1. Véase, en el apéndice, la Ley del Arco promulgada por André Malby.
2. Baghavad Gita. Vid. el quincuagésimo séptimo mandamiento.
3. Cita solapada (y modificada) de otro verso del mismo poeta. Lo incluyó en *Don de la ebriedad*, su primer libro.

95. Nunca te levantes de una mesa de negociaciones sin haber llegado a un acuerdo.

No hay en el universo nada que sea absolutamente irremediable ni existen en la especie humana personas absolutamente incompatibles entre sí.

Decía Stevenson: «¡Qué angelical es el demonio!».

Todo callejón tiene salida, aunque ésta se encuentre en la entrada y nos obligue, para dar con ella, a volver grupas.

Hay siempre, para todo, una solución óptima: la que menos daña a las partes en juego. Se trata, sólo, de encontrarla. Sé, pues, paciente, flexible y perseverante, aunque sea al precio de retroceder y envainártela.

Dice el Tao que el acero esplende más dentro de su funda que blandido por su propietario. Donde mejor está Excalibur es en su sepulcro de piedra.

96. Ten el coraje de ser un esquirol. No aceptes consignas. No te ampares en el número, que es la ley de la jungla y el arma de los borregos. Rompe las huelgas.

El 14 de diciembre de 1988 hubo en España una huelga general organizada por los sindicatos contra el felipismo a la sazón vigente. Pocos días antes publiqué en una revista de información general el *Elogio del esquirol* que ahora transcribo aquí...

Éste es su texto:

«Nunca he sentido simpatía hacia los sindicatos. Nunca. Ni siquiera cuando en la noche de los tiempos tuve la ocurrencia y la insolencia de militar –por antifranquismo, que no por filomarxismo– en las catequesis laicas y en las células con síndrome de inmunodeficiencia mental del Partido Comunista. Era yo entonces, como lo soy ahora, libertario hasta la tonsura, pero ni ahora entiendo ni entonces entendía los lazos de comparación y compadraje existentes entre el benemérito anarquismo y el abyecto sindicalismo. Éste es a todas luces asunto de borregos y de mafiosos, de procesionarias y de matones, mientras aquél –el anarquismo– debería ser exclusivamente, y por definición, jardín abierto sólo a quienes circulan por los atajos y veredas de la vida de uno en uno y sin ánimo de hacer cola. ¿Qué diantre pintan en la misma cazuela el individualismo a ultranza de quienes nada sabemos de plurales mayestáticos –«yo nada más soy yo cuando estoy solo», decía Miguel Hernández– y el gregarismo mojigatócrata de quienes cobardemente se arrebujan con la bufanda de la ley de la fuerza del número, que es la imperante en la jungla gracias a los bíceps de los gorilas, el pico de los buitres y la halitosis de las hienas?

»Pertenecer a un sindicato es para mí (y que se pique quien quiera), y lo es desde hace mucho tiempo, síntoma casi inequívoco de que el usuario y propietario del carné de marras carece de dignidad, desconoce el sentido del honor y no es precisamente un émulo de don Quijote. Cervantes pensaría, y yo se lo abono, que el sindicalismo y la caballerosidad son actitudes existenciales absolutamente incompatibles. Los guerreros nunca forman equipo.

»Y sí lo forman, en cambio, los capitanes de empresa y de industria japoneses que –como el resto de sus compatriotas, con la excepción de Mishima– detestan las manifestaciones de individualismo y se apresuran a poner un cero tan grande como el culo de una puta de Fellini en el expediente laboral de los asalariados que *no* acuden, sumisos y vocingleros, a las reuniones de los sindicatos o *no* se suman –lo que ya es el colmo de la subversión– a las mansas y pecorinas convocatorias de huelga. Y nadie piense que se trata de una actitud absurda en quienes tienen la sartén por el mango, sino rematadamente lógica e inclusive astuta, ya que el esquirol es en el fondo (y no digamos en la forma) un prometeico rebelde nietzscheano que se niega a humillar la cerviz ante el peso de la púrpura del sistema de valores dominante y a colocar resignadamente la nuca bajo el yugo chantajístico de las consignas sindicales y de los piquetes de huelga.

»¿Hay que elegir forzosamente entre la soledad y el rebaño? Pues sobra decir que me quedo con la primera. Y a mucha honra. Jamás he participado en una huelga –ni general ni particular– y, como es lógico, no voy a hacerlo ahora, cuando lo peor del huracán marxista ya ha pasado, suponiendo que el demagógico tejemaneje de los alcapones y luquilucianos de turno consiga sus objetivos. Lo del 14 de diciembre me parece un atentado terrorista contra la salud de los trabajadores, la vida de la nación y los derechos de los ciudadanos. Y, naturalmente, voy a dar ejemplo, voy a trabajar ese día como si fuese el negrito del colacao en el corazón del África Ecuatorial. O mejor dicho: voy a hacer exactamente lo contrario de lo que hacen –día tras día... ¡Qué cruz!– los obreros españoles, esos señoritos de mierda que no dan golpe y cuya jornada laboral consiste en deglutir bocadillos pringosos, tirar de litrona y tabacazo, beber cañas o tanques de vino de tetrabric en el mugriento bar de la esquina, escuchar con abnegada fruición programas de radio para señoras climatéricas, organizar tertulias y debates sobre los partidos de fútbol televisados en las últimas semanas, pellizcar el trasero de las viandantes jamonas, sorprender a las muchachitas minifalderas con inteligentes opiniones sobre la humedad y densidad de sus bragas, destruir antigüedades, presentar facturas de zorras de lujo, contemplar atentamente el vuelo de las musarañas, obstruir tuberías, chamuscar alfombras, descuajeringar motores, provocar cortocircuitos y tararear en do mayor, de madrugada y a grito pelado, el *porompompero*.

»La clase obrera española, sublime depositaria de uno de los índices de productividad y laboriosidad más bajos del mapamundi y de la historia,[1] está hundiendo el país y, encima, protesta.

»Ya sé que en el ámbito de la mojigatocracia no se pueden decir estas cosas, pero también sé que muchos españolitos las piensan, así que me suelto el pelo, me pongo una vez más el mundo por montera con un buen chaleco antibalas, me acojo de antemano a cualquier derecho de asilo y, aunque soy tan chiquitujo y tengo tan poca voz, me queda la suficiente para gritar; *¡viva el pueblo y abajo el proletariado!*

1. No es broma ni es hipérbole. Según los baremos de la ONU –enjuaguémonos la boca con matarratas después de pronunciar esas siglas– los obreros españoles son, junto a los chinos, los de más bajo rendimiento del mundo actual.

»¿Que existen excepciones? ¿Que *algunos* obreros trabajan de sol a sol, como trabajo yo, y no son drogadictos de la chapuza? Por supuesto que sí, y salta al oído que no va contra ellos mi salvaje andanada de babor, pero esos insólitos y aparentemente minúsculos héroes de nuestro tiempo y de las Españas terminan siempre corvirtiéndose en empresarios o, como mínimo, automanumitiéndose por las secretas vías del desclasamiento.

»De modo que aquí tienen, amigos, a un esquirol recalcitrante que presume de serlo y al que las únicas huelgas que le gustan son *Las Huelgas* de Burgos.

»Que, por cierto, existen gracias a los curas, a los reyes, a los príncipes, a lo nobles, a los artistas, a los militares, a los maestros canteros y a los artesanos, que sólo se agrupaban en gremios.

»Y los gremios –a diferencia de los sindicatos, que proceden de las *Trade Unions* y de los *gangs* de Chicago, y son, por ello, anglocabrones hasta el punto de sutura de las cachas respondían a una ética rigurosa y tenían un fantástico código del honor.

»Y una miaja de patriotismo, supongo».[1]

Hasta aquí, mi artículo. El día en que se publicó recibí dos llamadas telefónicas. La primera fue de un desconocido que me felicitaba por haberme atrevido a decir en público, a cuento de la *negatividad* –esa palabra empleó– de la clase obrera, lo que muchos piensan en silencio y en privado. Se trataba, añadió, de una primicia: nadie, según él, había tenido nunca la osadía de expresar en negro sobre blanco tan arriscadas opiniones.

1. Recogido en *La Dragontea. Diario de un guerrero*, Madrid, 1992, pp. 64 a 66.

El segundo telefonazo fue del dibujante (y pintor) que con admirable pulso ilustraba mis artículos en la susodicha revista.[1] Era –es– hombre muy perspicaz. Se limitó a preguntarme: «¿Estás haciendo obras en el piso donde vives?».

Acertaba.

97. Recuerda que la luz nunca nace de la discusión y dile sólo tu cantar a quien contigo va.

Lo señaló mucho antes de que lo repitiera el marinero del conde Arnaldos en uno de los versos más hermosos de la historia de nuestra literatura, el gallego y priscilianista Dictinio. Es la segunda vez que aparece su nombre en esta obra.[2] La frase, escrita por él en latín, rezaba así: *Loquimini veritatem unusquis que cum proximo suo*.

Se entiende, ¿no?

Y eso me exime de traducirlo. Adoro el latín. Siempre quise ser Virgilio. Con la aparición de las lenguas románicas empezó la decadencia.

98. Si juegas, no hagas trampas.

Elemental, ¿no?

Sería estúpido, sería infantil y transformarías el juego en competición. El tramposo engaña a veces, sólo a veces, a los demás, pero siempre se engaña a sí mismo. ¡Mal negocio!

1. Julián Grau Santos.
2. Vid. el cuadragésimo noveno mandamiento de este código.

99. No mientas.

Adivinanza: si la verdad nos hace libres, como aseguraba el vidente gnóstico que escribió el evangelio de Juan, ¿en qué nos convierte la mentira?

He ahí un pecado –gravísimo– del que nunca tuve que confesarme cuando practicaba ese sacramento. Mi madre sólo me dio dos bofetones en su vida: uno –el primero– cuando, teniendo yo cosa de seis primaveras, le alcé la mano; otro –el segundo– cuando, más o menos a la misma edad, le mentí por primera y última vez. No he vuelto a hacerlo.

Infinita es, por ello, y por otros motivos que no vienen al caso, mi gratitud a la bravísima y dulcísima mujer que me alumbró en plena guerra civil.

100. La regla anterior admite dos excepciones: se puede y se debe mentir por misericordia bien entendida, se debe y se puede mentir en defensa de tu libertad, tu autonomía, tu soberanía, tu intimidad y tu identidad.

Lector: me acuso de haber mentido en su día –el de Franco, el de mi primera juventud– a los miembros de la brigada político-social. Volvería, naturalmente, a hacerlo.

Y me acuso, sobre todo, de haber mentido a mis novias, a mis amantes, a mis mujeres... Ellas también me mentían a mí. Es la esgrima fatal de la pareja.

No sé si ahora volvería a hacerlo. Mi sangre ya no es tan levantisca. Dependerá, supongo, de las circunstancias. Pero sí sé que preferiría no haberlo hecho.

101. Concéntrate en el *ser* y en el *hacer*. Olvídate del *tener*.

He insistido en esto hasta la saciedad. Se trata de uno de los preceptos más importantes de mi código. La *gnosis* es un *hacer* –una *praxis*; no vale la *theoria*– que conduce al *ser* sin pasar por el *tener*.

No confundas la felicidad con los guarismos de tu cuenta corriente ni la plenitud con el número de cilindros de tu automóvil.

¿Tanto pesas, tanto vales? No. Tanto eres, tanto vales.

De ti, cuando mueras, sólo quedarán tus obras. Las posesiones, si las hay, pasarán, como pasa la falsa moneda, a otras manos.

102. No creas que la pobreza y la riqueza son siempre, aunque a veces lo sean, fruto de la injusticia.

Es éste, lector, uno de los falsos tópicos más extendidos en el mundo occidental –sobre todo en su ventrículo izquierdo, ideológicamente hablando– y, dentro de él, en los países sometidos al yugo anquilosante de la socialdemocracia, la confiscación impositiva, la sopa boba y el Estado del bienestar.

Pura demagogia, servil estupidez, ciega injusticia. El *karma* existe. Los cromosomas y los genes, también. Somos hijos de lo que hemos hecho o de lo que estamos haciendo y lo que hemos hecho –o lo que estamos haciendo– nos torna diferentes.

La derecha quiere que todos seamos ricos, la izquierda quiere que todos seamos pobres. Se trata, en ambos casos, de un imposible: pintar como querer. Creen que la condición humana es uniforme. Salta a la vista, y al sentido común, que no lo es.

Deja a dos individuos de la misma edad –no importa la formación que el uno y el otro tengan, pero sí su carácter– en cueros vivos y a la sombra de una palmera en cualquier oasis del Sahara. Vuelve cinco años después: uno –el hombre masa– estará en la miseria; otro –el hombre nietzscheano– nadará en la abundancia, si es que la abundancia le gusta. Pero, con ella o sin ella, no tendrá problemas para llegar a fin de mes.

La pobreza, amigo mío, es en la mayor parte de los casos fruto no de la explotación ni de la mala suerte (que en puridad no existe), sino de un determinado talante, de una decisión, de una elección legítima –la del asceta, la del *clochard,* la del *sâdhu*–,[1] de una deuda kármica que todavía no se ha saldado o de una enfermedad mental.

Lo siento. Sé que esto último chirría –y quizá hiera– al oído del europeíto medio, pero *è così*.

Y no mates, lector, al mensajero. Yo no hice el mundo: estaba hecho cuando me trajeron a él.[2]

1. Voz sánscrita que significa *bueno*. Se aplica en el ámbito del hinduismo a los santones nómadas que renuncian al mundo fenoménico y llevan, desnudos y por lo general cubiertos de ceniza, una vida de penitencia (E. Gallud Jardiel, op. cit.).

2. El mismo día, a 22 de julio de 2002, en que lo escribo –sincronías, convergencias– leo en *El Mundo* un artículo de Antonio Escohotado en el que, a cuento de la opereta bufa organizada alrededor del islote Perejil, dice: «Aderezada por sus ribetes grotescos, esta disputa pone de relieve una vez más la poco conciliable diver-

103. ¿Solidario? No. ¿Caritativo, compasivo, misericordioso? Sí.

¿Ayudar? Sí, siempre, dónde, cuándo y cómo sea...

¿Adhesión a la persona ayudada? ¿Identificación con ella? ¿Obligaciones o aspiraciones compartidas? Eso, ya, depende.

Y no, desde luego, únicamente de mí.

104. **Ayuda económicamente al prójimo, si ése es tu deseo, pero hazlo directamente, no a través de intermediarios.**

Sólo así estarás seguro de que tu ayuda no se evapora por el camino.

¿Por qué acudir a una ventanilla, rellenar un impreso y obtener un recibo?

¿Por qué pensar en lo remoto, en lo desconocido, en lo invisible, en lo intangible, en lo abstracto?

---

gencia entre los partidarios del *do ut des* ("doy para que des", "doy porque diste") y los partidarios del victimismo llorón, para quienes los buenos de la película son invariablemente los pobres de espíritu bendecidos por el Evangelio. Los últimos han de ser los primeros, decía allí el profeta, y esta noción revanchista de la justicia tropieza desde entonces con el transparente principio del derecho internacional, en cuya virtud se aplicará siempre la reciprocidad cuando no haya algún pacto expreso en contrario. El credo victimista sigue suponiendo lo mismo que afirmaban el apóstol Santiago, san Ambrosio, san Jerónimo y san Agustín. Esto es: que los contratos expolian siempre a alguna de las partes contratantes y que sólo es posible ser rico robando a algún pobre. Como Marruecos es menos próspero que España, tiene derecho a exigir un trato privilegiado en vez de recíproco, y cualquier represalia por actos inamistosos será injusta además de xenofóbica».

¿Acaso no hay nadie cerca de ti, concreto, visible, tangible y conocido, que necesite ser ayudado?

Anda, mira a tu alrededor, sal a la calle, indaga y ráscate el bolsillo por el amor de Dios.

105. Da limosna, pero no la eches en el cepillo de las iglesias.

Hay muchas manos que hurgan en él, y no todas son precisamente santas.

La Iglesia, además, suele escoger con cuidado, cuquería y propósito de rentabilidad a los que ayuda. No da. Invierte. Sé tú de todos, haz el bien sin mirar a quién.

106. Confía en los misioneros católicos y, en consecuencia, no titubees a la hora de depositar tu dádiva en las huchas del Domund.

No es contradicción respecto a lo que acabo de decir, sino excepción que confirma lo dicho. Me he pateado a conciencia y pie enjuto Asia, África y América –todos los lugares, prácticamente, en los que hay misioneros– y he llegado a la conclusión de que en esto, y sólo en esto, la Iglesia católica –no sé la protestante– es absolutamente de fiar. Euro que das para las misiones es euro que llega sin menoscabo de un solo céntimo adonde tiene que llegar: a las pobres gentes –humilladas y ofendidas– del Tercer Mundo.

Convertir, lo que se dice convertir, convierten a muy pocos, excepto en los lugares donde reina el animismo, que es religión muy afín al cristianismo en su fundamentación filosófica, pero ayudar, ayudan a muchos sin por ello, excepciones aparte, exigirles que conozcan y suscriban el catecismo.

Una cosa es que sea yo, según la Iglesia, un comecuras sediento de sangre cristiana y otra que no reconozca la verdad y la proclame, cuando me topo con ella.

De niño, como tantos otros chavales de mi edad, quise ser misionero. Ahora, irremediablemente adulto por no decir vetusto, lamento no haberlo sido.

107. Recuerda que todos los organismos internacionales son patios de Monipodio y puertos de arrebatacapas.

Herejía...

Seré lacónico: me aburre hablar de este asunto.

Trabajé, como traductor y como profesor, a finales de los sesenta, en la FAO y salí con las manos en la cabeza. Fue entonces cuando empecé a maliciarme –y luego ya no hizo sino llover sobre mojado– que ese organismo y todos los de igual calaña sirven sólo para ayudar con sueldos desorbitados, prebendas de virrey de Indias y bicocas diplomáticas de varia lección y extracción a los chupatintas que trabajan en ellos.

Y no me hables, lector, de las Naciones Unidas al Servicio de Estados Unidos. Antes o después tendremos que elegir entre la continuidad de ese organismo y la supervivencia de nuestra especie.

108. Recuerda que todas las ONG, mientras no se demuestre lo contrario, son cuevas de Alí Babá.

Herejía, y de las gordas...

¿Cuándo se ha visto que las asociaciones filantrópicas pongan anuncios en la prensa para recaudar fondos? ¿No apesta eso a tentativa de hacer negocio engañando a los incautos?

Podría contarte, lector, muchas cosas acerca de cómo se inflan, con la complicidad de los periodistas, los datos relativos a las hambrunas, epidemias y catástrofes naturales o artificiales con el propósito de conmover a las gentes de buen corazón y aligerar sus bolsillos.

Podría contarte muchas cosas acerca de dónde terminan los fondos recogidos.

¿Necesitas dinero, estás en el paro, quieres sacar a flote la familia? Pues funda una ONG –cuanto más absurda, mejor– y extiende la mano. No tardarán en llenártela con sopa boba, caldo fiscal y pólvora del rey: la de las subvenciones graciosamente concedidas a los pícaros de turno por quienes gestionan los impuestos que pagamos.

¿Hay excepciones? Sí: la de Vicente Ferrer, por ejemplo. Pero no es fácil detectarlas.

Mejor, una vez hecha esa salvedad, que cabría extender –no quiero ser injusto– a otros organismos similares, dar limosna al pobre de la esquina, aunque es harto probable que el infeliz esté al servicio de las mafias portuguesas.

Lo anoto, entre otras cosas, porque incluso si tienes la suerte y la vista de dar con una ONG tan honesta como la mencionada, eso tampoco garantiza –excepto en el caso de Vicente Ferrer, que vive *in situ*, como vivía la madre Teresa, y que lo controla casi todo personalmente– que los fondos recabados y enviados lleguen a su destino. Lo más probable, por desgracia, es que se los queden al paso, total o parcialmente, los tiranuelos, ministros, magnates, chulos y covachuelistas de los países a cuyos habitantes se pretende socorrer.

Una última consideración, que lo es de elemental justicia: entre los damnificados por la actividad fraudulenta de muchas, muchísimas, Organizaciones No Gubernamentales se cuentan no sólo los que apoquinan entusiástica y dócilmente cuanto haya que apoquinar, sino también quienes bienintencionadamente trabajan en ellas como cooperantes de a pie que no saben lo que en su entorno se cuece.

Lo de *no gubernamentales* da, por cierto, risa, pues pocas cosas hay en el mundo de hoy tan estatales, tan ministeriales, tan oficiales, como las ONG. Dime de qué alardeas y te diré lo que no eres. Pregúnteselo quien dude de lo que acabo de decir al Instituto de Cooperación Internacional.

Posdata: el número de cuenta de la Fundación Vicente Ferrer es el 2100-3331-92-2200081889 y su apartado postal el n.º 292-FD (08080 Barcelona). Puedes –y debes– enviar a cualquiera de esas dos direcciones tu óbolo. Gracias.

109. Deja en paz al Tercer Mundo. Allí se vive mejor que aquí. No lo corrompas, no lo occidentalices, no contribuyas a su desarrollo (dicho sea entre comillas).

Tercera herejía consecutiva... Vayan los nuevos inquisidores preparando la hoguera.

Junio de 1993, Paseo de Coches del Retiro, Feria del Libro. Alguien se me acerca, trae un papel apoyado sobre una tablillas, esgrime un bolígrafo de capucha negra y me dice:

–¡Qué alegría! He tenido suerte al encontrarte. Tú, que tanto tiempo has vivido en el África negra, en el Asia budista e hinduista y en la América precolombina, no podrás negarte a firmar esta petición de ayuda para el Tercer Mundo.

–¿Quién eres?

–Soy un representante de la Plataforma del 0,7 por ciento.[1]

–¿Los de la huelga de hambre?

–Los de la huelga de hambre.

–¿Los que luchan hasta la extenuación para conseguir que el gobierno cumpla con lo estipulado por los genocidas de la ONU y entregue el 0,7 por ciento del Producto Nacional Bruto, o de lo que sea, a los fondos de ayuda a los países subdesarrollados?

–Ésos.

–Pues lo siento, amigo. No tengo nada contra vosotros, pero discrepo de vuestra cruzada. Lo único que necesita el Tercer Mundo es que lo dejemos en paz. Ayudarlo es colonizarlo, convertirlo en dehesa de la grey de las multinacionales, destruir lo poco que va quedando de su cultura, de su filosofía, de su visión del mundo, de su sistema de producción, de su forma de vivir y de morir. ¿Qué queréis? ¿Que todo sea idéntico a Nueva York? ¿Que los bonzos

1. Hoy nadie se acuerda de ella, pero estuvo muy de moda en aquellos años.

lleven pantalones vaqueros y maletín de Samsonite? ¿Que los maoríes hablen inglés? ¿Que los musulmanes renuncien a la circuncisión? ¿Que construyan rascacielos y estadios olímpicos en Katmandu? Anda, *bambino*, dedícate a otra cosa, no fumes el opio que los gobiernos nombrados por las multinacionales y las nunca leales oposiciones a ellos te dan, no te conviertas en cómplice de la explotación y la transculturación. Mira cómo está Europa, mira cómo está España, mira cómo estás tú: todos estresados, todos preocupados, todos quejosos, todos deprimidos, todos jodidos...[1]

Y las cosas, por lo que se me alcanza, no sólo no han mejorado desde entonces, compañero, sino que más bien, como casi todo, han empeorado.

Tú verás lo que haces, pero yo me vuelvo a la India. *Namaskar*.

110. No tengas remordimientos. No te culpabilices. No peches con la responsabilidad de la desdicha ajena.

O sea: descondiciónate. Te va en ello la libertad y, por lo tanto, la felicidad.

Cada ser humano es responsable casi único –aunque a veces (no muchas) concurran factores externos que escapan a su control– de todo lo malo y lo bueno que le sucede. Y, en contrapartida, ningún ser humano tiene el poder de convertirse en causa determinante y excluyente de lo malo o lo bueno que le ocurre al prójimo.

1. Está contado, casi con las mismas palabras, en mi obra *En el alambre de Shiva*, Planeta, Barcelona, 1997, pp. 407 y 408.

Obvio es decir que me refiero a las personas normales, no a los psicópatas. El asesino, el ladrón, el torturador, el maltratador, el iracundo, el mentiroso, el envidioso y otras ovejas negras de la especie humana sí pueden ser, y a menudo son, causa directa, objetiva y unilateral de los daños sufridos por sus semejantes.

O mejor dicho (en este caso): por quienes, gracias a Dios, no se les asemejan.

Considero importantísimo en la búsqueda de la sabiduría y de la felicidad el precepto que aquí se expone, aunque de sobra sé –lo he sufrido y aún lo sufro en carne viva– que su observancia no resulta nada fácil para quienes hemos tenido la desgracia de nacer y de vivir en el seno de una cultura –la judeocristiana– que propone a sus forzosos usuarios, como constante ejemplo a seguir, la figura de una divinidad masoquista, torturada y presuntamente redentora. Se nos ha educado desde niños, y eso, evidentemente, marca, para ser culpables. Pero si no eres, lector, capaz de romper como Prometeo tus cadenas –y eso sólo se consigue mediante el descondicionamiento absoluto; a lo hecho, pecho, y pasa página–, cierra ahora mismo este libro, porque para casi nada o para muy poco te servirá lo que en él se dice.

111. Tampoco descargues sobre los hombros ajenos la responsabilidad de tu desdicha.

Si lo haces, por lo dicho al pie del mandamiento anterior a éste, infringirás el sacrosanto principio o imperativo categórico de que lo que obliga al prójimo también te obliga a ti. Y viceversa.

112. No te escondas para llorar, pero no llores para conseguir algo. Es infantil y es inmoral.

Si lo haces, siendo adulto (o adulta. Empleo este último adjetivo con retintín y retranca, porque son generalmente las mujeres quienes con mayor asiduidad y fruición echan mano de ese recurso), estarás rebajando el dolor y el sentir a la condición de vulgar instrumento de chantaje.

113. Sé desobediente, pero no irresponsable.

Va dirigido este consejo, una vez más, a los adultos y sólo a los adultos. En la infancia hacemos lo que queremos, y así debe ser, pero en la edad de la sazón hacemos lo que tenemos que hacer.

Ahora bien: si una vez hecho nos sobra tiempo, ancha es Castilla. Recupera la niñez y, razonablemente, vuela. Es lo que hace –lo que vuelve a hacer, libre ya de responsabilidades– el *sannyasin*, el anciano.

114. Sal a la calle. Míralo todo, devóralo, digiérelo, mézclate con la gente.

Ahí, con la gente, por las calles, en los campos, está la vida. Y ya te he dicho más de una vez –y no será, seguramente, la última– que, como apuntó Jung desde lo alto de su inmensa (pero nunca apabullante) sabiduría, «la vida no vivida es una enfermedad de la que se puede morir».

Quien se encierra en su torre de marfil, de hecho, es ya un cadáver.

115. Habla poco.

«¡Mira quién lo dice!», estarás pensando...

Pues deja de hacerlo, porque yo –en contra de lo que casi todo el mundo, en España, cree– soy uno de los individuos más silenciosos del planeta.

¡Hombre! Lo natural –lo absolutamente ineludible–, si estoy dando una conferencia, presentando un programa de televisión o pontificando en una tertulia radiofónica, es que hable, ¿no? Y como la gente que no me conoce me conoce sólo por esas cosas...

Pero pregúntale a quienes sí me conocen, a quienes me tratan de cerca, a mis familiares, a mis colaboradores, a mis amigos...

De niño siempre me hostigaban los mayores con la clásica pregunta de si se me había comido la lengua el gato.

Y, hoy como entonces, la virtud que más sigo apreciando en los demás, y en mí mismo, es el silencio.

¿Explicatio non petita? Sea. Dejémoslo. No es ni mi ejemplo ni mi circunstancia lo que aquí importa, sino la convicción de que hablando no se aprende –la palabra sirve, cierto es, para enseñar, pero yo prefiero la condición de alumno a la de maestro– y callando o escuchando, sí.

Por eso dice el Tao, en frase que ya se ha hecho popular incluso en Occidente, que «los que hablan, no saben, y los que saben, no hablan».

Quien tiene boca...

De modo que en tu mano y en tu lengua está, lector, la posibilidad de no equivocarte o de equivocarte lo menos posible. Perdón por la redundancia.

116. Escucha mucho y hazlo, preferiblemente, desde el burladero, sin implicarte en la conversación.

Lo primero –por lo que ya se ha dicho– para aprender. Lo segundo, porque si te implicas, hablarás.

117. La música de las esferas y la banda sonora de tu interior es el silencio.

Créalo, pues, dentro y fuera de ti, y *escúchalo*. El silencio se oye siempre, pero no siempre se escucha. Todo lo demás es algarabía.

118. No escuches música roquera ni vayas a sus conciertos.

Otra herejía para los *progres*, para los abanderados del tantas veces metido en danza Discurso de Valores Dominantes, para quienes viven en la ilusión de que la modernidad es el mejor de los mundos posibles: el *rock* y sus abominables excesos ocupan *–okupan–* la tercera parte del espacio, grosso modo, que los periódicos dedican a la cultura.

¡Dios mío! ¡A la cultura! ¡Qué tendrá que ver el magnesio con la amnesia!

A todo hay quien gane: la música roquera no es simplemente –lo digo por lo que dije antes– algarabía. Es ruido.

Ruido infernal.

Luces estroboscópicas, humo, negrura, promiscuidad, apretujones, aullidos, feísmo, satanismo, decibelios, muchedumbres rebañegas, agresividad, belicosidad, animalidad, aturdimiento, reducción al absurdo, cochambre ética y estética, militarización, degeneración colectiva: eso es lo que hay, ése es el mensaje.

Sólo los anglocabrones podían haber inventado algo así... Pero ya –constatémoslo con melancolía– todos los jóvenes del mundo son anglocabrones.

Reproduzco a continuación lo que escribí en *La Dragontea*[1] a mediados de mil novecientos noventa. Se titulaba «Satanismo urbano», viene a cuento y dice así:

«Madrid, diez de la mañana, diecisiete de junio. Salgo de mi sanctasanctórum para desayunar frugalmente e incorporarme al trajín bioenergético de un cursillo sobre regresiones a otras vidas y descubro que algo pasa, que algo flota sobre la ciudad llenándola de efluvios malignos, que algo huele a podrido, y no precisamente en Dinamarca.

»El aire es denso, mefítico, y no refresca los pulmones. Los rostros de los transeúntes parecen deformados por una lente aberran-

1. Véanse pp. 311 y 312.

te. Las flores, que no abundan, están pintadas de gris. Todos los ruidos –sin excluir el piar de los pájaros, el roce de las hojas y el silbo del aire– suenan a machadiano golpe de ataúd en tierra. Se respira un agobio y un malestar indefinibles. Grupos de punquis con hechuras de mohicanos, caciques de las más variopintas tribus urbanas, virtuosos de la jeringuilla y desharrapados con halitosis de hiena disecada pululan por las calles –casi desiertas– de la ciudad. Ésta parece a punto de dar la última boqueada antes de hundirse para siempre en los infiernos. ¿Qué diablos, me pregunto con desconcierto (nunca mejor dicho lo de *desconcierto*, como se verá), está pasando aquí?

»Y, de repente, caigo en la cuenta –adivina adivinanza– de que el nudo de la cuestión se encuentra, precisamente, en una de las palabras que acabo de utilizar: *diablos*... Eso es lo que flota en el aire, eso es lo que sucede. El inconsciente me ha traicionado.

»¿Y por qué, en días tan terminales como los que vivimos, se desencadena sin fundamento aparente un zafarrancho general de demonios en armas y al abordaje de una ciudad (o de un mundo) que es ya, en lo tocante al satanismo, territorio conquistado y roturado?

»Rumio el quid del fenómeno y en eso, tate, se me enciende el quinqué y reparo en el siniestro detalle de que los Rolling Stones acaban de actuar en Madrid a todo trapo y en pestilente olor –que no loor– de muchedumbres llegadas a la Villa y Corte desde los miles de madrigueras luciferinas desparramadas por la península.

»Y se nota, claro... Un akelarre de esa envergadura no puede pasar inadvertido. Ensucia, contamina, fragmenta, crea tensiones, desencaja, esparce a su alrededor rayos de luz negra y chorros fecales. El *rock* es, junto al *videoclip* (pariente cercano) la principal y más dañina manifestación audiovisual de la metáfora del Maligno en el mundo contemporáneo. *Diabólico* significa, en el sentido literal de la palabra, *separador*, fragmentador, enfrentador. Y *separar* –dividir– es lo que constantemente hace o intenta hacer el Príncipe de las Tinieblas, el espíritu del mal que anida en el lado oscuro de la condición humana: separar el cielo y la tierra o, tanto vale, el microcosmos y el macrocosmos, separar a las criaturas de la Creación (entiéndase *naturaleza*), separar a los hombres entre sí, separar el Uno del Todo y el Todo del Uno.

»A idéntica tentativa responden los modos, modales y formas del *rock* y del *videoclip*: sonidos y gestos sincopados, contorsiones, estertores, hipo, luces aberrantes, estridencias, gestos deformados, ropas rasgadas... La estética de la desintegración nuclear.

»Se refiere, en uno de sus últimos números, la revista *Más allá* al «efecto de repulsión o alergia que las plantas sienten hacia ciertas tendencias musicales como el rock duro o el heavy metal». De hecho, tal como explica Manuel Carballal, que es el autor del artículo, los vegetales sometidos a un tratamiento de música clásica crecen más deprisa y se desarrollan mejor que sus congéneres, mientras que las mismas plantas se amustian e incluso mueren cuando se coloca un magnetófono con música de *rock* junto a ellas.

»Curioso, ¿no? Y también lo es el estudio realizado por el pastor protestante Gary Greenwald sobre el contenido, la significación y el alcance de las letras de las canciones roqueras. Parece ser que algunas de ellas, escuchadas al revés, elogian al diablo, a sus pompas y a sus obras. Valgan como ejemplo de lo que digo los siguientes botones de muestra: *Cristo es basura, Manifiéstate en nuestras voces, Satanás, Canto porque vivo con Satán, Hay poder en Satán, Satán te dará el 666*... Y, de nuevo, un largo y escalofriante etcétera.

»Son frases leídas a la inversa en canciones de los grupos Styx, Electric Light Orchestra y Led Zeppelin.

»Así andamos nosotros y así nos luce el pelo. Los conciertos (o desconciertos) de *rock* –organizados, seguramente, por personas que en la intimidad escuchan con sincero deleite músicas de Mozart o de Vivaldi– cumplen ahora una función vagamente parecida a la que desempeñaban los gladiadores y las fieras traídas de África en el Imperio romano. Hoy las ciencias adelantan que es un verdadero primor: en vez de *panem et circenses* tenemos *hamburguesas et rockenses*. ¿Hay quien dé más?»

Lo siento. Lo siento, de verdad, por mí y por los jóvenes. A éstos ya se les pasará el sarampión y descubrirán a Beethoven. En cuanto a mí... Sé de sobra –llevo casi veinte años padeciendo las consecuencias de mi sinceridad en lo tocante a este asunto, por nadie solicitada ni agradecida– que mis opiniones sobre el *rock* van a seguir granjeándome disgustos y alienándome las simpatías de mucha gente, pero no puedo mirar al tendido, brindar al sol y pasar de largo. Si lo hiciese, no sería capaz de sostener hoy, esta noche, ni las sucesivas, mi mirada ante el espejo. Abrigo la convicción de que la música roquera en particular y, en general, el excesivo protagonismo y la no menos excesiva omnipresencia de la música, de cualquier música, en la sociedad contemporánea se ha convertido en uno de los principales factores de la marea de alelamiento, aturdimiento y estado colectivo de hipnosis que desde la invención del hilo musical y de los mil y un juguetitos de la tecnología de la *high fidelity* anega el mundo. No hay nada más parecido a un zombi que el portador peripatético de uno de esos artilugios a los que llaman *walkmans*.

Y también sé que no deja de ser chocante, muy chocante, que todo esto lo diga alguien que fue *hippy*, que sigue sintiéndose tal, que se encontró a sí mismo por los caminos de Asia en los años de la Década Prodigiosa, que nunca ha sido más feliz de lo que lo fue entonces, que llegó antes que nadie a Katmandu, a Goa, a Ibiza, a Creta, a Angkor, a Marrakech, a Bali,[1] que fuma canutos a diario, que toma (y aconseja que se tomen) enteógenos, que detesta el cristianismo y practica (y propaga) el paganismo, que cuenta (o contaba) entre sus más íntimas amistades a no pocos intérpretes de *rock* –o de músicas análogas– y representantes de aquel efímero vuelo de mariposa nocturna que fue la *movida*...

Y, sin embargo, ya entonces, en Bali, en Goa, en Katmandu, la querella a la que aquí me estoy refiriendo abrió una zanja casi insalvable entre los demás vecinos del *pueblo de las flores* y mi persona. Hice lo que pude, derroché buena voluntad y paciencia a raudales, atormenté mis tímpanos, llegué a apreciar –y no he cambiado de opinión– a los Beatles, odié desde el primer momento (y tampoco he cambiado de opinión) a los Rolling, quemé tardes y noches escuchando como si la vida me fuese en ello a los Pink Floyd y a Jimi Hendrix, compré todos los discos a la sazón existentes de Santana, de Janis Joplin, de Jethro Tull, de Aqualung, y nada, compañe-

1. Todo eso está contado en *El camino del corazón*.

ritos, nada. No hubo forma. Y un buen día, ya en los setenta, me dije que no había venido al mundo para sufrir y que hasta ahí habíamos llegado, dejé de escuchar ese tipo de música, clausuré el sector roquero de mi discoteca y en las mismas sigo.

¡Qué le vamos a hacer! Es superior a mis fuerzas. No exagero si digo, para poner fin a este desahogo (que es también, no lo oculto, una petición de indulgencia o, por lo menos, de transigencia y una mano tendida), que prefiero que me metan en la cárcel a que me lleven a un concierto de *rock*.

È così. Te ruego, lector, que respetes –aunque no lo entiendas ni lo compartas– mi carácter, mis gustos, mis fobias y, en definitiva, mi libertad.

119. Aprende de memoria tus poemas favoritos.

La poesía es, siempre, oralidad –como lo fue en su origen– y, por ello, no se lee: se repite, se recita, se declama, se proclama, se corea, se tararea, aunque lo hagas a solas, en sordina y para tu coleto. *De la musique avant toute chose...*

La poesía es palabra pura –la Casa del Ser, lo que nos irguió, lo que nos hizo hombres– y, habida cuenta de que aprendemos a pensar cuando empezamos a hablar, forma parte instrumental del proceso de la Gnosis, ilumina sin herir los ojos, conduce al conocimiento. La novela y el ensayo, no.

La poesía, en todo caso, no admite una sola lectura, sino que exige muchas, y en eso (y en otras cosas que no voy a mencionar), difiere radicalmente de los demás géneros literarios.

Saber un poema de memoria demuestra y garantiza lo que acabo de decir y de pedir: que lo has leído muchas veces. Sólo así se incorporará a tu sangre, a tu sentir, a tu vivir, a tu presente de indicativo.

Y, además, quien lo sepa estará en condiciones de transmitirlo a otras personas, porque la poesía, amigo, se proclama, se declama, se recita, se repite, pero no se lee.

La poesía se canta.

120. No alteres el curso de la naturaleza.

Donde hay patrón...

En 1819 el piel roja Seattle envió una carta abierta –verdadero *libro blanco* de la ecología escrito antes de que la ecología existiera– a James Monroe, presidente de Estados Unidos. En ese texto, que seguramente conoces ya, lector, porque se ha convertido en manifiesto y bandera universal de los conservacionistas (entre los que me cuento), se dice cuanto cabe decir a propósito de un asunto en el que todos nos jugamos ni más ni menos que la vida. Reproduzco aquí ese texto sin guarnición ni aliño, a palo seco, porque él solo se alaba sin concurso de perifollos. No soy yo quien lo ha traducido. Cárguese, pues, en la cuenta de quien lo haya hecho[1] el mérito –si lo hubiere– y el demérito –que lo hay– de la versión al castellano que aquí se maneja.

El guerrero Seattle, asombrosamente lúcido, asombrosamente emotivo y persuasivo, asombrosamente moderno, tiene la palabra. Es ésta:

1. Ignoro su nombre. No figura en el original.

«El gran jefe de Washington ha mandado hacernos saber que quiere comprar las tierras junto con palabras de buena voluntad. Mucho agradecemos este detalle porque bien conocemos la poca falta que le hace nuestra amistad. Queremos considerar el ofrecimiento porque bien sabemos que, si no lo hiciésemos, pueden venir los rostros pálidos a arrebatarnos las tierras con armas de fuego.

»Pero ¿cómo podéis comprar o vender el cielo o el calor de la tierra? Esta idea nos resulta extraña. Ni el frescor del aire ni el brillo del agua son nuestros. ¿Cómo podrían comprarse? Tenéis que saber que cada trozo de esta tierra es sagrado para mi pueblo. La hoja verde, la playa arenosa, la niebla en el bosque, el amanecer entre los árboles, los pardos insectos... son experiencias sagradas y recuerdos de mi pueblo. Los muertos del hombre blanco olvidan su tierra cuando comienzan el viaje a través de las estrellas. Nuestros muertos nunca se alejan de la tierra, que es la madre. Somos una parte de ella y la flor perfumada, el ciervo, el caballo y el águila majestuosa son nuestros hermanos. Las escarpadas peñas, los húmedos prados, el calor del cuerpo del caballo y el hombre: todos pertenecen a la misma familia. Por eso cuando el gran jefe de Washington nos dice que quiere comprar las tierras, añade que nos reservará un lugar en el que podamos vivir confortablemente entre ellos. Él se convertirá en nuestro padre y nosotros en sus hijos. Por ello consideramos su oferta de comprar nuestra tierra. No es fácil, ya que esta tierra es sagrada para nosotros. Lo que pide es demasiado.

»El agua cristalina que corre por los ríos y arroyuelos no es solamente agua sino que también representa la sangre de nuestros antepasados. Si os la vendiésemos, tendríais que recordar que son sagradas y enseñarlo así a vuestros hijos... También los ríos son nuestros hermanos porque nos liberan de la sed, arrastran nuestras canoas y nos procuran los peces, y cada reflejo fantasmagórico en las claras aguas de los lagos cuenta los sucesos y recuerdos de las vidas de nuestras gentes. El murmullo del agua es la voz del padre de mi padre. Sí, gran jefe de Washington:

»Los ríos son nuestros hermanos, y sacian nuestra sed, son portadores de nuestras canoas y del alimento de nuestros hijos. Si les vendemos nuestra tierra, ustedes deben recordar y enseñarles a sus hijos que los ríos son nuestros hermanos y también suyos. Y por lo tanto deben tratarlos con la misma dulzura con que se trata a un hermano.

»Por supuesto que sabemos que el hombre blanco no entiende nuestra manera de ser. Tanto le da un trozo de tierra que otro, porque es como un extraño que llega de noche a sacar de la tierra todo lo que necesita. No la ve como hermana sino como enemiga. Cuando ya la ha hecho suya la desprecia y sigue caminando hacia adelante, dejando atrás la tumba de sus padres. Le secuestra la vida a sus hijos. Tampoco le importa. Tanto la tumba de sus padres como el patrimonio de sus hijos son olvidados. Trata a su madre, la tierra, y a su hermano, el firmamento, como objetos que se compran, se explotan y se venden como ovejas o cuentas de colores. Su apetito devora la tierra dejando atrás sólo un desierto.

»No lo puedo entender. Nosotros somos de una manera de ser muy diferente. Vuestras ciudades hieren los ojos del hombre de piel roja. Quizá sea porque somos salvajes y no podemos comprender. No hay un solo sitio tranquilo en las ciudades del hombre blanco. Ningún lugar donde se pueda oír durante la primavera el despliegue de las hojas o el rumor de las alas de un insecto. Quizá es que soy un salvaje y no comprendo bien las cosas. El ruido de la ciudad es un insulto para el oído. Y yo me pregunto: ¿qué clase de vida tiene el hombre que no puede escuchar el grito solitario de la garza o la discusión nocturna de las ranas en torno a la balsa? Soy piel roja y no lo puedo entender. Nosotros preferimos el suave susurro del viento sobre la superficie de un estanque, así como el olor de ese mismo viento purificado por la lluvia del mediodía o perfumado con aromas de pinos.

»El aire tiene un valor inestimable para el piel roja, ya que todos los seres comparten un mismo aliento: la bestia, el árbol, el hombre, todos respiramos el mismo aire. El hombre blanco no parece consciente del aire que respira. Como un moribundo que agoniza durante muchos días es insensible al hedor. Pero si le vendemos nuestras tierras deben recordar que el aire comparte su espíritu con la vida que sostiene. El viento que dio a nuestros abuelos el primer soplo de vida también recibe sus últimos suspiros. Y si les vendemos nuestras tierras ustedes deben conservarlas como cosa aparte y sagrada, como un lugar donde incluso el hombre blanco pueda saborear el viento perfumado por las flores de las praderas.

»Cuando el último piel roja haya desaparecido de esa tierra, cuando su sombra no sea más que un recuerdo, como el de una nube que pasa por la pradera, estas riberas y estos bosques todavía estarán poblados por el espíritu de mi pueblo. Porque nosotros amamos este país como ama el niño los latidos del corazón de su madre.

»Si decidiese aceptar vuestra oferta, tendré que poneros una condición: que el hombre blanco considere a los animales de estas tierras como hermanos. Soy un salvaje y no comprendo otro modo de vida.

»He visto millares de búfalos pudriéndose abandonados en las praderas, muertos a tiros por el hombre blanco desde un tren en marcha. Soy un salvaje y no comprendo cómo una máquina humeante puede importar más que el búfalo, al que nosotros matamos sólo para sobrevivir.

»¿Qué puede ser del hombre sin los animales? Si todos los animales desapareciesen, el hombre moriría en una gran soledad. Todo lo que le pase a los animales muy pronto le sucederá también al hombre. Todas las cosas están ligadas.

»Deben enseñarles a sus hijos que el suelo que pisan son las cenizas de nuestros abuelos. Inculquen a sus hijos que la tierra está enriquecida con las vidas de nuestros semejantes a fin de que sepan respetarla.

»Enseñen a sus hijos que nosotros hemos enseñado a los nuestros que la tierra es nuestra madre. Todo lo que le ocurre a la tierra le ocurrirá a los hijos de la tierra. Si los hombres escupen en el suelo se escupen a sí mismos.

»De una cosa estamos seguros: la tierra no pertenece al hombre, es el hombre el que pertenece a la tierra. Todo va enlazado, como la sangre que une a una familia. Todo va enlazado.

»Todo lo que le ocurre a la tierra le ocurrirá a los hijos de la tierra. El hombre no tejió la trama de la vida, él es sólo un hilo. Lo que hace con la trama se lo hace a sí mismo. Ni siquiera el hombre blanco, cuyo Dios pasea y habla con él de amigo a amigo, queda exento del destino común. Después de todo quizá seamos hermanos. Ya veremos.

»Sabemos una cosa que quizá el hombre blanco descubra algún día: nuestro Dios es el mismo Dios. Ustedes pueden pensar que ahora él les pertenece lo mismo que desean que nuestras tierras les pertenezcan. Pero no es así. Él es Dios de los hombres y su compasión se reparte por igual entre el piel roja y el hombre blanco. Esta tierra tiene un valor inestimable para Él y si se daña provocaría la ira del creador.

»También los blancos se extinguirán, quizás antes que las demás tribus. El hombre no ha tejido la red de la vida, pues sólo es uno de sus hijos y está tentando a la desgracia si osa romper esa red. Estamos bien seguros: todas las cosas están ligadas como la sangre de una misma familia. Si ensuciáis vuestro lecho, cualquier noche moriréis sofocados por vuestros propios excrementos.

»Pero ustedes caminarán hacia su destrucción rodeados de gloria, inspirados por la fuerza de Dios, que les trajo a esta tierra y que por algún designio especial les dio dominio sobre ella y sobre el piel roja. Este designio es un misterio para nosotros, pues no entendemos por qué se exterminan los búfalos, se doman los caballos salvajes, se saturan los rincones secretos de los bosques con el aliento de tantos hombres y se atiborra el paisaje de las exuberantes colinas con cables parlantes.

»¿Dónde está el bosque espeso? Desapareció. ¿Dónde está el Águila? Desapareció...

»Así se acaba la vida y sólo nos queda la supervivencia.»

121. Recuerda que el hombre es, fundamentalmente, eso: naturaleza. No caigas en la trampa de creer que somos hijos de la historia.

Si acaso, sobrinos, primos lejanos o parientes políticos...

Eso: *políticos*.

Lo demuestra –*demuestra*, he dicho. No se limita a mostrarlo. Las razones del corazón son en este caso, además, razones de la razón– la carta de Seattle, ¿no crees?

Su autor sabe que él forma parte de la naturaleza, y la defiende. El presidente Monroe, en cambio, representa la historia. Y la historia es el rifle.

En el judeocristianismo y en la filosofía que de él se desprende el tiempo es lineal: los hechos y las cosas, a lo largo de ese eje, *se suceden*. Nace, así, nuestra madrastra: la historia.

En todas las filosofías orientales, ya sean de origen hindú, ya de origen chino, el tiempo es cíclico, circular: las cosas *suceden*, como en la naturaleza (primavera, verano, otoño, invierno y vuelta a empezar).

Parafrasearé a Quevedo: en la historia todo es *fugitivo*, en la naturaleza todo *permanece* –o vuelve– *y dura*.

Elige.

122. Sé misterioso.

No voy a incurrir en la contradicción, por más que me guste contradecirme, de comentar este consejo. Dejaría, en tal caso, de ser misterioso.

Tómalo como una especie de *koan*,[1] descubre el sonido del aplauso que se practica con una sola mano[2] y permite que el *satori*[3] oree tu conciencia y la inunde de lucidez, de plenitud y de felicidad. Al éxtasis por la *gnosis*.

Si el nacimiento es un misterio, si la muerte es un misterio, si la vida es un misterio, si cuanto acontece en el recinto y en la órbita de la conciencia es un misterio, si el misterio nos rodea desde la placenta hasta el sepulcro, ¿cómo no ser misteriosos?

Quien desvela un misterio es un chivato, un aguafiestas, un bobo, un ladrón de tumbas, un quintacolumnista, un dinamitero, un depredador, un traidor a la especie, un torpedeador de sueños, un destripador de juguetes: Atila en Roma.[4]

¿Qué opinión te merecería la actitud de un tipejo que abordara a los niños por la calle el día cinco de enero para explicarles que los Reyes Magos ni son magos ni son reyes?

1. Problema de imposible solución racional que el maestro *zen* propone al discípulo para medir la autenticidad de su presunta iluminación.
2. *Koan* clásico.
3. *Iluminación* en el budismo.
4. «Ningún misterio se descifra y, por ello, es fuente perenne de luz y poder. Su sentido es, al mismo tiempo, patente y arcano, evidente para la conciencia interior, y se realiza por sí mismo. En esto consiste la virtud. El acto por el cual se pone en acción la virtud del misterio es el rito.» (Vicente Risco, *Mitología cristiana*, citado por A. Ruiz Vega, *Los hijos de Túbal*, Madrid, 2002, p. 205.)

Sagrada misión del artista y del filósofo es la de iluminar el misterio sin reventarlo ni escabecharlo, la de defenderlo de las tarascadas que le asesta el abuso de la razón entendida sólo como voluntad de análisis. En el *Calendario espiritual* que figura al término de este volumen aparece una letrilla de Antonio Machado, citada por mí a menudo, que parece escrita por la mano de Lao-Tsé y que reza: «Oscuro, para que atiendan; / claro como el agua, claro, / para que nadie comprenda».

Y yo, lector, fiel a la enseñanza del maestro que compuso ese terceto, voy a ser tan misterioso para ti a partir de este mismo instante como la fuerza y magia del *wu-wei*[1] –del lienzo en blanco– me lo permitan.

Lo explicaré cartesianamente, *a malincuore*, y luego...

Este *código de conducta* consta en su versión final –la que ahora tienes antes tus ojos– de ciento ochenta y un mandamientos. Hemos llegado al centésimo vigésimo segundo: dos terceras partes, pues, según la cuenta de la vieja, quedan atrás. Suficiente, más que suficiente, para que a partir de ahora afrontes, amigo mío, la lectura de los restantes preceptos sin andaderas ni anteojeras, sin tacataca, sin bridas, sin zanahoria ante el hocico, sin instrucciones de uso...

Vale decir: sin mis apostillas, sin mis comentarios, sin mis querencias y sugerencias, que son eso, mías, pero que no tienen por qué ser, aunque a veces lo sean, también tuyas.

1. Concepto central, y muy complejo, en el taoísmo. Significa, simultánea y complementariamente (puesto que lo uno conduce a lo otro y lo otro a lo uno), *vacío* e *inacción*. No se confunda ésta con la inactividad y perdone el lector que no sea más explícito. Esta obra no trata del Tao.

Lo peor de la Biblia, con ser esa infatuada y novelera recopilación de chascarrillos folclóricos, obra de por sí mediocre, confusa y, a mi juicio, dañina, muy dañina,[1] son las notas añadidas en sus márgenes por los catequistas, hermeneutas y supuestos teólogos de la Iglesia.

De modo que el centésimo vigésimo segundo mandamiento de mi código podría ser, pero no lo será, éste: *Busca*, lector, *tu camino a pecho descubierto*.

Y si de vez en cuando te encuentras extraviado o incluso caído en la cuneta (lo que, por otra parte, no será para ti tan duro ni tan negativo como temes), tendrán que ser tus dioses domésticos –los de tu subconsciente individual y los de tu inconsciente colectivo (que es, en parte, sólo en parte, distinto para cada grupo, para cada etnia, para cada raza, para cada pueblo)– quienes acudan en tu socorro.

Dije en la introducción que este libro recoge las líneas maestras de mi filosofía de la existencia y, sobre todo, las derivaciones prácticas, concretas, aplicables a lo cotidiano, de esa filosofía... Pues bien: añado ahora que, habiendo quedado ya la misma suficientemente dibujada –o, por lo menos bosquejada– al hilo de los textos que acompañan los ciento veintiún mandamientos anteriores a éste, cabe esperar que el lector pueda deducir por sí solo, aunque no con todo detalle, lo que yo habría escrito al pie de los cincuenta y nueve preceptos pendientes si no hubiera decidido, como es el caso, aforarme en el sacrosanto derecho al silencio y

1. Vid. mi *Carta de Jesús al Papa*.

arroparme, por su bien y por el mío, en y con las vestiduras talares del misterio.

Nadie lo interprete como una dejación de responsabilidades, como un gesto de deserción y abandono de la garita de guardia o, menos aún, como una especie de traición al espíritu de este código. Todo lo contrario: obligar al lector a valerse por sí mismo, a reflexionar, a tirar del hilo, a buscar por aquí y por allá a la Pimpinela Escarlata o, incluso, a bucear en el resto de mi obra tratando de saber por qué digo lo que digo, es algo que forma parte sustancial, irrenunciable, indispensable, de las enseñanzas que aquí se dispensan o, cuando menos, comedidamente y sin la más mínima voluntad de pontificación, se proponen. Lo he repetido hasta la saciedad: son las mías, no las tuyas, y eso significa que a nadie, por una parte, podría imponerlas, caso de que tuviese la posibilidad y las ganas de hacerlo, y –por otra– que debes pasarlas por el tamiz de tu personalidad y de tu propia filosofía de la existencia, si la tienes, y aprovechar de ellas lo que a ti y sólo a ti te parezca aprovechable sin por ello convertir tu vida en un remedo de la mía ni de la de nadie.

Creo que no me he ensañado: te dejo solo, te pido que recorras por tu cuenta, a tu aire, el laberinto de mi código cuando ya hemos cubierto juntos las dos terceras partes del itinerario. Es mucho: bastante más de lo que el autor de *La Divina Comedia* había dejado a sus espaldas cuando *si ritrovó per una selva oscura, che la diritta via era smarrita*, y descendió a los ínferos. Los cachorros se independizan de su madre, incluso en la calmosa y remisa especie humana, cuando les queda aún casi toda la ancha vida por delante.

Se acabaron, pues, los aparatosos escolios –que a veces son escollos– y las explicaciones prolijas, aunque me reservo el derecho de añadir en ciertos casos, por escrúpulo de conciencia profesional y necesidades del servicio posventa, llamémoslo así, algunos brevísimos apuntes aclaratorios.

Vamos allá... Que la Fuerza, lector, te guíe como guió Virgilio a su pupilo.

123. Descálzate antes de entrar en tu casa o en las casas que visitas.

Es más importante de lo que crees...

Una vivienda es un hogar y un hogar es un templo. Sólo los judeocristianos de raza blanca entran en sus sinagogas, en sus iglesias y en los domicilios con los zapatos puestos y, en sus suelas, toda la mugre de la ciudad, las cacas de los perros y el polvo de los caminos.

124. Si en tu habitación entra un mosquito, échalo o vete tú.

125. Evoluciona, pero no revoluciones.

126. ¿Derechos humanos? ¡Deberes humanos!

No ya herejía, sino abominación, blasfemia, sacrilegio: el peor posible, seguramente, en los tiempos que corren. Los mojigatócratas, indiscutibles maestros en el arte de cogérsela con papel de fumar, han convertido la hipocresía en virtud unánime y en razón de Estado.

Lao-Tsé, sin embargo, me avala y me absuelve. Dice el *Tao-Te-Ching:* «Quien tiene la vida / se ciñe a su deber. / Quien no tiene la vida, / se ciñe a sus derechos».

127. No reivindiques tus derechos civiles. Son pamplinas y complicaciones. Se vive mejor sin ellos.

¡Quién fuese Tarzán de los Monos antes de conocer a Jane!

128. No votes. Sé anarcoindividualista.

Pero no, ni a palos, anarcosindicalista. Eso es marxismo. *Vade retro.*

129. No milites en nada.

Quien milita en algo se convierte, quiéralo o no, en militar. A nadie deseo ese destino.

130. Ten ideas, pero no ideología.

Las ideologías te confinan en el interior de la caverna platónica. Son el lívido y aherrojado reflejo de las ideas, que están en el exterior, y su corsé, su jaula, su sarcófago, su tanatorio.

131. No pertenezcas a partidos ni a iglesias ni a sindicatos ni a grupos de más de dos personas.

Tres son ya muchedumbre.

132. No seas de derechas, de izquierdas ni de centro.

Sitúate enfrente de las tres posturas –el centro se encuentra *entre* (no *frente a*) la derecha y la izquierda, y tiene, por ello, algo de la una y de la otra– o, mejor aún, pasa de largo, haz como si no existieran, regresa mental, cultural, espiritual y sentimentalmente a la Edad de Oro, que terminó o, mejor dicho, fue terminándose paso a paso, golpe a golpe, con el nacimiento del monoteísmo, con la caída de Pablo, con la batalla del Puente Milvio, con la destrucción de Eleusis, con el estallido de las tres grandes revoluciones (la francesa, la industrial y la bolchevique), con la derrota del Sur en la guerra de Secesión de Estados Unidos y con la llegada del comodoro Perry al puerto japonés de Urawa. Ésas son las nueve mayores catástrofes de la historia universal. Sólo falta la décima, que seguramente está al caer.

Te diré, al oído, un secreto: no me interesa nada –o me interesa muy poco– cuanto ha sucedido en el mundo con posterioridad al siglo VI antes de Cristo, que es el del pensamiento presocrático, el de los misterios órficos y eleusinos, el de Pitágoras, el de Buda, el de Zoroastro, el de Confucio, el de Lao-Tsé...

Seguimos viviendo hoy, aunque a duras penas, y a regañadientes, de todo aquello.

¿Volverá algún día?

We shall overcome.

133. Recuerda que el Estado es el peor de los monstruos nacidos del sueño de la razón.

134. No respetes la ley, respeta sólo tu ley.

Excepto en el caso de que ambas –la voz de tu conciencia y los códigos jurídicos– coincidan. Eso es, sin duda, lo más cómodo y lo que menos problemas origina, pero no resulta tan frecuente –en mi caso, no sé en el tuyo– como cabe imaginar.

Ten cuidado. Sé astuto. El enemigo –la *dura lex*– acecha.

135. No seas igualitarista. Nadie es igual a nadie. Todos somos individuos.

136. No trates a todo el mundo de tú. Acata la jerarquía.

La naturaleza es jerárquica; las manifestaciones fenomenológicas de la realidad también, y la condición humana, no digamos...

¿Vas a confundir a un mariscal con un arrapiezo? ¿A Jesús de Galilea con el Papa de Roma? ¿A Leonardo con Tàpies? ¿A Stevenson con Javier Marías? ¿A Newton con Bill Gates? ¿A Mozart con Los del Río? ¿A la madre Teresa con Jack el Destripador?

Distingue Gurdjeff entre siete tipos humanos diferentes y ascendentes... Son, de menos a más, de menor a mayor altura y estatura, los que siguen: 1. El *hombre músculo* (deportistas, modelos, prostitutas, políticos, banqueros, financieros, actores, negociantes, empresarios, *brokers*, personajillos del famoseo); 2. El *hombre corazón* (en el que predominan siempre las razones de éste –del sentir– sobre las funciones intelectivas y cognoscitivas: chicuelas románticas, mozuelos admiradores del joven Werther, madres lloronas, padres ansiosos, émulas de madame Bovary y Anna Karenina, lectoras de la prensa del corazón, maridos que maltratan a sus mujeres, mujeres que acosan a sus maridos, celosos y celosas, víctimas y verdugos de la pasión, protectores desmesurados de los animales, integristas de la solidaridad, coleccionistas de ositos de peluche, sensibleros de profesión empalagosos y lacrimógenos. El mundo de las novelas rosas, de los culebrones, de las ONG, de los antitaurinos y de las películas de Walt Disney, para entendernos); 3. El *hombre cerebro* (filósofos, pensadores, programadores, profesores, científicos, intelectuales); y, por último, en los cuatro peldaños superiores de la escala humana, el *hombre íntegro*, que no está troceado ni mutilado, que lo es de una sola pieza, que conoce el sentido de la vida y las reglas del juego del universo, que sabe conjugar *–integrándolos* en un todo indivisible– el músculo, el corazón, el cerebro y la conciencia, y que, de esa forma, no es gobernado por nadie ni por nada, sino que se autogobierna.

Así el auriga que conduce una cuadriga.

No diré más. A buen entendedor...

137. Busca aliados.

Sin ellos no llegarás muy lejos.

Te daré una pista: lee el capítulo correspondiente a la necesidad y el cómo de esa búsqueda en *Las enseñanzas de don Juan*, de Carlos Castaneda.[1]

Y así aprenderás, de paso, a romper rutinas.[2]

1. Fondo de Cultura Económica, México, DF. Hay infinidad de ediciones en otras lenguas.

2. Eso es –¿te acuerdas?– lo que aconsejaba el cuadragésimo primer mandamiento.

138. No busques acólitos ni prosélitos, pero abre tu casa a los discípulos, si los tienes.

Aclaración –la que ahora incluyo– estrictamente personal y moderadamente defensiva...

Algunos individuos de buena fe –a los que *no* agradezco la intención, pero sí la benevolencia– han intentado a veces convertirme en su *gurú* mientras otros, malevolentes y sin conocimiento de causa, me han acusado de querer serlo.

Yerran –quede meridianamente claro– tanto los unos como los otros: nada más lejos –hoy como ayer– de mis propósitos, nada más ajeno a mi carácter.

Se llama *gurú*, en la India, a quien busca (y, por ello, admite) seguidores de sus enseñanzas y *pandit* a quien recorre en solitario, sin predicar ni ofrecer trigo, la senda del conocimiento. Mi maestro Diógenes, por ejemplo, era un *pandit*. Aristóteles, al que no tengo por maestro mío, aunque sin duda lo es, merecidamente, de otros, fue, en cambio, un *gurú*.

139. Desconfía de los sacerdotes, cualquiera que sea la religión que prediquen.

140. Cristos y Budas, pero no iglesias.

El Cristo y *el* Buda son, como lo es el Tao, arquetipos de la conciencia, pautas de conducta, puertos de arribada y mojones terminales en el camino de perfección.[1] Las iglesias –me refiero a las cristianas, porque no hay Iglesia, *stricto sensu*, en el budismo ni en el taoísmo– los confunden con personajes históricos (y, a menudo, inverosímiles). No lo hagas tú, no digas nunca, por ejemplo, *Jesucristo*, voz híbrida y absurda donde las haya, que mezcla las churras y diablos del microcosmos con las merinas y ángeles del macrocosmos. Dale al Cristo lo que es del Cristo, al Buda lo que es del Buda, al Tao lo que siendo de todos no es de nadie y a Jesús –o a Sakiamuni y Lao-Tsé– lo que es de Lao-Tsé, Sakiamuni o de Jesús.

141. Desconfía de los políticos.

Sobre todo si son demócratas o si, no siéndolo, se mueven en el ámbito de la democracia, porque en ambos casos sólo dirán y, si llega el momento, harán lo que a su juicio, equivocado o no, les reporte votos. Los dictadores, los caudillos, los pontífices o *ayatolás* y los monarcas también pueden y suelen ser personas abominables y terriblemente dañinas para sus súbditos, pero no tienen por qué fingir lo que no son ni decir lo que no piensan.

1. Escribió Jung en *Psicología y alquimia*: «La eficacia del dogma no se fundamenta en la realidad histórica, verificada una sola vez e irrepetible, sino en su naturaleza simbólica, que la convierte en expresión de un supuesto psicológico relativamente ubicuo y capaz de existir incluso sin la existencia del dogma. Hay, pues, tanto un Cristo *precristiano* como un Cristo *no cristiano*, en la medida en que Cristo es un hecho de la psique existente por sí mismo». Es la tercera o cuarta vez que reproduzco esta cita en distintas partes de mi obra. También cabría decir, de igual forma y por idénticas razones, que el Tao es anterior a Lao-Tsé (o al *Tao-Te-Ching*) y el Buda a Sakiamuni.

142. Procura que no te quiten el sol.

Eso es, como sabes, lo único que Diógenes –el cínico, el *perro*, el filósofo del barril– pidió a Alejandro cuando éste, fascinado por su sabiduría y por su ejemplo, le ofreció el oro, el moro y el islote de Perejil. Se trata, en mi opinión, de uno de los más significativos, y divertidos, episodios y momentos estelares de la historia de la humanidad.

Y es también, por otra parte, lo único –dejadme en paz, no os ocupéis de mí, no vengáis en mi ayuda– que yo espero de los políticos.

«Regir un gran Estado es como freír un pequeño pez.» Así reza el vigésimo tercer poema de Tao-Te-Ching.[1]

143. Automedícate con prudencia, da un amplio margen de confianza a los homeópatas y naturistas, y acude sólo a la medicina alopática y quirúrgica en casos extremos.

Yo, antes de ir al médico, me dejo caer un rato por la Biblioteca Nacional... Todo está en los libros.[2]

1. Traducción de Ignacio Preciado, Círculo de Lectores, Barcelona, 2000. Vid. asimismo la cita correspondiente al 22 de julio en el Calendario Espiritual que forma parte de los epílogos de este libro.

2. Alusión al estribillo, muy popular, de la canción de Luis Eduardo Aute y Jesús Munárriz que desde hace más de veinte años ha servido y sirve de sintonía a todos mis programas de radio o de televisión dedicados al libro y a la literatura.

144. Sé activo, muévete, trabaja, camina, sube, desciende, copula, pero ten cuidado con el deporte.

¿Por qué? Porque el deporte es, a menudo, competición y, siempre, esfuerzo: lo contrario del Tao. Su práctica embrutece, degrada, maquiniza, aleja del Espíritu al usuario, le engaña con las endorfinas y no es saludable para el cuerpo. Casi todos mis amigos deportistas están ya en la huesa o hechos unos zorros.

Mens insana in corpore insano: a eso es a lo que conduce hacer deporte y por eso es por lo que las autoridades –interesadas siempre en aturdir a sus súbditos– insisten en que lo hagamos y se gastan nuestro dinero en promocionar ese dislate.

145. Aprender a respirar equivale a aprender a nacer (el primer vagido) y a expirar (el último suspiro).

No des por hecho que sabes hacerlo. ¿Respiras con el tórax, como lo hace hoy casi todo el mundo, tanto en Occidente como en buena parte de Oriente? Pues regresa a lo dicho, a tu primer vagido, y vuelve a empezar.

Quien sabe nacer y sabe morir, sabe vivir, ¿no?

146. Aprende (y acostúmbrate) a respirar abdominalmente en ocho tiempos.

Es mucho más fácil –cuestión de costumbre– de lo que parece y puede adaptarse a cualquier ritmo fisiológico, psicológico y muscular.

¿Preparado? Vamos con ello: vacía completamente los pulmones, inspira luego en tres fases separadas por dos brevísimas soluciones de continuidad, haz una pausa, espira de la misma forma, haz otra pausa y vuelve a inspirar. Te asombrará el resultado.

147. No comas carne o cómela, como máximo, una vez a la semana.

148. No tomes alimentos transgénicos. Lo que con ellos se nos viene encima es el fin de la especie.

Si yo te contara...

Tiembla y cúrate en salud.

149. No tomes, en la medida de lo posible, antibióticos ni corticoides o tómalos sólo en situaciones extremas.

150. No recurras a técnicas de fertilización artificial.

¿Has oído hablar de las interacciones? ¡Pues infórmate, puñeta! Lo que está en juego es tu hijo, tu porvenir y el porvenir de toda tu familia.

Yo no voy a informarte, pero sí voy a recordarte que los sueños de la biología producen monstruos a corto –la oveja *Dolly*– o *a largo* plazo. Subrayo lo segundo porque ahí, a lo lejos, es donde acecha el mayor y peor peligro.

Pon tus testículos o tus ovarios a remojar.

151. Desconfía de los científicos.

En este caso también voy a darte una pista, pero antes te lanzaré un anzuelo...

«Los científicos trabajan aislados a machamartillo en la soledad blindada de sus observatorios, laboratorios y falansterios –como antes lo hacían los hierofantes en la penumbra de las recámaras de los santuarios– y desde ella, misteriosa y sacramentalmente, van destilando en esos papiros ilegibles para el vulgo que son las llamadas *publicaciones científicas* inapelables leyes y mandamientos inapelables que a partir de ese mismo instante entran en vigor y rigen, así en lo público y general como en lo individual y privado, el universo entero.

»Luego, con astucia y parsimonia, esas noticias aparecen en la prensa y desde los caudalosos y a menudo ponzoñosos vasos comunicantes de ésta, que no se detiene en ningún fielato y a todo –como la muerte– alcanzan, llegan a los libros escolares (o, ahora, a los puñeteros ordenadores) y condicionan de por vida la conciencia, las creencias, los actos y la libertad de nuestros hijos.

»¿De nuestros hijos? Eche el lector la cuenta, desande lo andado y recuerde que todos lo hemos sido.

»Nadie comprueba nada, nadie –excepto los propios científicos, encerrados en su torre de marfil... ¡Bonito círculo vicioso!– verifica la exactitud de las cosas que se nos dicen y los datos que se nos aportan, a nadie se le pasa tan peregrina idea por la cabeza y si a alguien se le ocurre la posibilidad de hacerlo, de nada tampoco sirve tan loable propósito, puesto que esa tentativa de control, por lógica y justificada que nos parezca, no está, sencillamente, a su alcance, esto es, al alcance de los míseros mortales sobre cuyas cabezas no han descendido el pentecostés, el carisma y la gracia santificante de la ciencia.

»Y ello, como mínimo, por dos motivos. En primer lugar, porque las autoridades no se lo permitirían si no tienen todos sus papeles académicos en regla (considere el lector, verbigracia, lo que sucede en el terreno de la medicina, secuestrada hoy por las universidades, los colegios profesionales y la mafia de los laboratorios) y, en segundo lugar, porque la ciencia de hogaño, como las religiones de antaño, se parapetan tras el burladero de un lenguaje críptico y de una panoplia de sofisticados instrumentos de observación absolutamente inasequibles, los unos y el otro, al manejo y al bolsillo del profano.

»Seguimos, pues, donde estábamos. ¿Quién quería, podía y se atrevía a comprobar –o sea: a poner en tela de juicio, verificar datos y exigir aclaraciones– la veracidad del faraón de Tebas, de la sibila de Cuma, del oráculo de Delfos o del *deus invictus* del Capitolio romano? ¿Y quién puede, quiere y se atreve ahora a parar los pies de los científicos –gremialistas ellos y constituidos en sociedad secreta– y a poner los puntos sobre las íes de las supuestas verdades o, a menudo, evidentes desvaríos que los científicos nos proponen? Las afirmaciones de éstos no son, en muchos casos, menos asombrosas –al menos para mi estómago, de por sí bastante crédulo– que las aseveraciones, hoy casi todas defenestradas por los popes (y por la santurronería laica) del mundo moderno, de quienes en el antiguo detentaban el poder religioso y cortaban el bacalao de lo que a la sazón era el tantas veces mentado Discurso de Valores Dominantes, que no es privativo de nuestra época, aunque haya cambiado y siga haciéndolo en el futuro igual que lo hizo en otros siglos, sino constante y siniestro patrimonio de toda la historia universal a partir, más o menos, del momento en que el último mono bajó del árbol y se transformó en el primer hombre.»

Hasta aquí, el anzuelo. Y ahora, la pista: lo transcrito al pie de la letra en los seis últimos párrafos pertenece a *La del alba sería*.[1] En ese libro, y en las páginas inmediatamente anteriores e inmediatamente posteriores al fragmento reproducido, expongo cuanto aquí podría y acaso debería repetir a modo de explicación de por qué conviene, a mi entender, desconfiar de los científicos. Acuda, pues, a ese texto quien desee profundizar un poco no tanto en lo que digo cuanto en las razones por las que lo digo.

Concluyo con una cita oral de Antonio Escohotado, profesor de Filosofía y Metodología de la Ciencia en la UNED: «La ciencia es un mito –sólo que es el mito más hermoso, el único generalizable a toda la especie y, quizá, el más digno de respeto–, y cuando alguien afirma que está más allá del mito, miente. La ciencia tiene que ser humilde en la búsqueda de lo verdadero, y en cuanto pierde esa humildad ya no es más que otra forma de embaucamiento».[2]

¡Caramba! ¡Tres páginas de parlería! Se me fue la mano. No he sido esta vez muy *misterioso*... Mis disculpas.

1. Véanse pp. 90 a 102.
2. En *Verdemente*, n.º 13, septiembre y octubre de 1996.

152. Medita.

Soy un pesado, pero insisto en recordarte, por tu bien, que *meditar* no es *reflexionar*, sino lo contrario: dejar de hacerlo.

Mi novela *La prueba del laberinto* llevaba en la primera página de su primera parte un aforismo de Osho. «El mundo de hoy –dijo ese *tântrika*–,[1] tiene dos opciones: meditación o suicidio global.»

Detén el baile de tu mente, que salta de árbol en árbol, como lo hacen los monos, o rumia cansinamente el forraje, como lo hace la vaca, y sé feliz y sabio.

Te lo aseguro. No falla. Es una ciencia exacta.

153. Reza.

Pero no confundas, como lo hace casi todo el mundo, la oración con la plegaria. Orar no es pedir, pedir no es orar. El Espíritu no atiende a súplicas, no existe para eso, no tiene una ventanilla de reclamaciones abierta, no es el mostrador de un banco ni de un Monte de Piedad.

154. Ayuna.

Sólo en una cosa se han puesto de acuerdo, hasta el día de hoy, los científicos que estudian los secretos de la longevidad y las fórmulas para alcanzarla: cuanto menos comamos, mejor.

1. Hombre que practica y, a veces, predica y enseña el Tantra o sendero gnóstico de la mano izquierda en el hinduismo.

Nos sobra, como mínimo, en un país tan glotón como lo es España, la tercera parte de las calorías que consumimos.

155. ¿Ordenadores? ¡Bah!

De niño me regalaron un mecano. Jugué con él dos o tres días. Luego volví a las chapas, a las canicas, al escondite, al rescatado...[1]

1. ¿Y si retiráramos lo de *bah* y pusiéramos, en vez de esa interjección despreciativa, algo así como *mucho ojo, ten cuidado* o, incluso, *peligro de muerte* (con una calavera y dos tibias cruzadas)? Lo pregunto por lo que sigue... 3 de septiembre de 2001: «Hawking propone manipular los genes –está loco– para superar a los robots», y lo hace –según la misma noticia y el mismo periódico– «porque el peligro de que lleguen a dominarnos es real». Luego añade: «A diferencia de nuestro intelecto, los ordenadores duplican su capacidad cada dieciocho meses y por ello existe el peligro real de que creen inteligencia propia y asuman el control del mundo». No es el único que lo piensa. Entresaco aquí, para consternación y aleccionamiento de mis honorables lectores, lo que Bill Joy, cofundador y director científico de Sun Mycrosystems (gigante informático de Silicon Valley), sostenía hace cosa de un par de años en un artículo publicado por la revista norteamericana *Wired* y titulado «Por qué el futuro no nos necesita». Tome buena nota el que leyere. «La tecnología –dice Joy– seguirá un curso violento en el futuro, cuando los ordenadores lleguen a ser enormemente poderosos y empiecen a actuar por su cuenta [...] Las nuevas tecnologías del siglo XXI serán tan peligrosas, si no más, como lo son ahora las armas nucleares, químicas y biológicas. Y ello hasta tal punto que bien podrían provocar la extinción de los seres humanos en un par de generaciones [...] Es, incluso, posible que las máquinas escapen a nuestro control y empiecen a reproducirse a sí mismas [...] La única alternativa realista consiste en abandonar la carrera tecnológica [...] Hacia el año 2030 los ordenadores serán un millón de veces más potentes que en la actualidad [...] La nanotecnología podría crear minúsculos sistemas de reproducción que causarían estragos si se liberaran de manera accidental o con intenciones perversas [...] La manipulación genética, por su parte, podría conducir a la aparición de una "epidemia blanca", es decir, una enfermedad producida artificialmente que sería capaz de matar de manera selectiva». La oficina de Bill Clinton, que a la sazón aún empuñaba el gobernalle de su país, pidió copia del trabajo en cuestión. ¿Está servido el fin del mundo?

156. No sientas admiración por la tecnología.

157. Recuerda que la fe, la electrónica, el fútbol, los automóviles, los himnos y las banderas son cosas de niños.

158. Procura estar siempre a la altura de tu edad, pero no envejezcas.

Te remito nuevamente a *Las enseñanzas de don Juan*,[1] que debería ser uno de tus libros de cabecera...

Habla en él su protagonista de los cuatro principales enemigos con los que se topa el gnóstico en su proceso de búsqueda de la verdad. Son, a saber, y por ese orden, el *miedo*, la *lucidez*, el *poder* y la *vejez*.

No consiste ésta en tener arrugas y la entrepierna más o menos floja, sino en echar pie a tierra, detenerse, enfundar la espada, arriar la bandera, mirar de soslayo, volver la vista atrás y dar la partida por terminada.

Suma y sigue, compañero. La vida tiene fines, pero no fin.

159. Haz las cosas a mano.

Y así no se romperán.

160. Viaja, pero no por la red.

Toca pelo. Palpa, olfatea, paladea... *Siente*, y piérdete.

1. Vid. nota en mandamiento centésimo trigésimo séptimo.

Decía Faulkner que un paisaje sólo se conquista con la suela de los zapatos y añado yo, a mayor abundamiento, que el viaje es la distancia más larga entre dos puntos.

161. Recuerda que lo virtual es lo contrario de lo real y que, en consecuencia, la realidad virtual es un absurdo, un imposible, una ilusión.

Juega un ratito, si te apetece, pero no te tomes la virtualidad ni sus chisporroteantes juguetitos en serio. El hombre, mientras esté vivo, tiene que tener los pies bien apoyados en la tierra. Ya los levantará cuando le alcance la muerte.

162. Recuerda que el turismo es el rostro actual de la barbarie.

Odio a los turistas, esas ratas estúpidas, depredadoras y transculturalizadoras. Son el prototipo del hombre masa, del rumiante con aspecto humano, de la termita antropomorfa que todo lo engulle y lo convierte en serrín. En menos de treinta años han destruido cuanto yo amaba. Estoy en guerra con ellos. Por su culpa cabe decir hoy del mundo entero lo que acerca de otros asuntos de menor cuantía dijo Kipling: «Todo esto –no digáis que no lo aviso– / tan perdido está ya como la Atlántida».[1]

1. En *Rewards and fairies*.

163. No seas nacionalista.

164. No seas mundialista.

165. Sé regionalista o, mejor aún, pueblerino.

166. Sé. simultáneamente, castizo e ilustrado, paleto y cosmopolita.

167. *Hic et nunc*, aquí y ahora, *carpe diem*.

Consejo –éste– básico y clásico en Oriente, en Occidente y en toda la *sophia perennis*. Nos lo dan los paganos, los budistas y los taoístas.

Pensar en el futuro sólo te traerá tensión, incertidumbre, ansiedad, angustia y miedo. Acordarte del pasado sólo te aportará rabia, sentimiento de culpa, nostalgia o tristeza.

¿Para qué sirven, además, lo uno o lo otro?

El tiempo no existe. Es un *flatus vocis*, un sueño –quizá un delirio– de la Hélade, una convención filosófica, una invención gramatical.

No caigas en sus redes. La felicidad sólo se conjuga en presente de indicativo.

Decía Omar Khayyam: «Hay dos días por los cuales mi corazón jamás ha languidecido... / Ese que ya pasó, ese que no ha llegado todavía».

168. Reivindica el derecho a contradecirte.

169. Reivindica el derecho a irte.

Fue Baudelaire quien lo dijo, pero no quien lo inventó.

170. Vive cada minuto como si fuese el último de tu existencia.

Y dejarás de hacer lo accidental, que es lo que estás haciendo ahora (dime si me equivoco), y empezarás a hacer únicamente lo esencial.

171. ¿Transformar la sociedad? Quita, quita... Transformar, en todo caso, al individuo. Empieza por tí.

Y de ese modo, cuando cada hijo de vecino se haya transformado, la metamorfosis de la sociedad entera será un hecho. Dicen los albañiles que no conviene empezar las casas –ni las cosas, añado yo– por el tejado.

172. Recuerda, además, que lo que no hagas *ahora*, no lo harás *nunca*.

Y, en eso, te pillará la muerte...

173. Cuando no sepas qué hacer, sé como un niño.

O sea: aplica la divisa de Gargantúa tal como quedó expuesta en el cuadragésimo mandamiento de mi código.

No se trata, aunque lo parezca, de una reiteración. El adulto, cuando es libre, hace lo que su ser le ordena y ahí radica, precisamente, su libertad: en no ser otro. El niño, en cambio, aún no puede ni debe conocerse a sí mismo, lo que le exonera de todo pie forzado: su libertad es absoluta.

174. Recuerda que las novelas *y* el cine no suelen ser cosas de adultos, aunque haya excepciones.

Ni tampoco lo son, ya puestos, en ningún caso, el turismo, el deporte, la televisión, la democracia por sufragio universal y los parques temáticos. El mundo se infantiliza...

175. Diga lo que diga el diccionario, no basta con ser *hombre* para ser *persona*.

El hombre nace: su *humanidad* es, por ello, automática.

La persona se hace: su *personalidad* es, por lo tanto, fruto del esfuerzo, del mérito, de la *gnosis*...

Me remito –y te remito– al centésimo trigésimo quinto mandamiento.

176. Construye tu alma.

Este precepto guarda conexión con el inmediatamente anterior a él, que –como hemos visto– la guarda a su vez con otro mandamiento, también anterior. Suma y sigue.

Quienes admiten la existencia del alma suelen dar por hecho que todos los seres humanos –de oficio, por así decir, y más negra o más blanca– la tienen.

Yo, después de haber observado con la máxima atención posible a lo largo de sesenta y cinco años de vida la naturaleza y la conducta de mis semejantes, y la mía propia, no estoy seguro de ello y Gurdjeff, más radical, quizá mejor informado, lo niega tajantemente y asegura que el alma, de la que en último término dependería la inmortalidad de los individuos de nuestra especie, no es un don gratuito, sino algo que se gana, que se conquista, que se merece, que se *construye*...

También lo pensaban los egipcios.

Es sólo, a la luz de lo poco que sobre el asunto sabemos, una hipótesis más, pero extraordinariamente útil y fértil, a mi entender, porque incita a observar buena conducta, a plantearse la existencia con sentido común y altura de miras, y a ocuparse del desarrollo del espíritu.

Todo aquel que aspire a mantener su identidad después de la muerte, aunque sólo sea en las primeras etapas del viaje por el éter, debería hacerla suya y obrar en consecuencia.

177. Recuerda que en la rosa de los vientos de la vida existe el norte. La conciencia será tu brújula.

178. Recuerda por enésima vez que tu carácter es tu destino.

Más sintonías, más sincronías, más fenómenos de convergencia... Estampo aquí el precepto en cuestión y un par de horas después, de modo aparentemente casual, mi hija Ayanta sube al desván en que trabajo, me tiende con ojillos chispeantes las memorias de Stefan Zweig[1] y me indica el párrafo que a continuación transcribo. Dice así: «sólo en los primeros años de la juventud identificamos el azar con el destino. Más adelante sabe uno que el verdadero rumbo de la vida está fijado desde dentro; por intrincado y absurdo que nos parezca nuestro camino y por más que se aleje de nuestros deseos, en definitiva siempre nos lleva a nuestra invisible meta».

Eso, y no otra cosa, es el *karma*, debidamente encauzado por el libre albedrío. La más alta función de éste consiste en ponerse al servicio del autoconocimiento *–nosce te ipsum–* y, una vez adquirido éste, de la autorrealización. No hay libertad más honda que la de llegar a ser uno mismo.

179. Recuerda por ello, y por todo, una vez más, el primer mandamiento osiríaco, eleusino, socrático y délfico: *nosce te ipsum*.

180. Recuerda el segundo y último mandamiento délfico: *nada en exceso*.

181. Y, por último, no te fíes de mí. No sigas al pie de la letra estos consejos. Selecciónalos, acomódalos y, sobre todo, verifícalos.

1. *El mundo de ayer. Memorias de un europeo*, Barcelona, 2001, p. 230. Se trata de un libro verdaderamente admirable, de un modelo de alta literatura. Hazte con él y devóralo.

Estos ciento ochenta y un mandamientos
se encierran en uno:

LLEGA A SER EL QUE ERES

De eso, y sólo de eso, en definitiva, se trata.

Casa del Caballero del Escarabajo
Castilfrío de la Sierra
(Alto Llano Numantino)
19 de junio a 25 de julio de 2002

EPÍLOGOS

I. Mi elixir de la eterna juventud

No quedaría completo este libro sin incluir en él –es lo que estoy haciendo– algunas indicaciones dietéticas y farmacéuticas que orienten a los lectores en la necesaria, imprescindible búsqueda de la *mens sana in corpore sano*. El cuerpo es una tumba, sí, tal como enseñaban en la Hélade y en griego –*soma sema*– los científicos y los filósofos iniciados en los misterios eleusinos, pero es al mismo tiempo la única sede y vehículo de la conciencia puesta a nuestra disposición mientras permanecemos en el mundo denso, en la prisión de la carne y de la vida tangible, y no hay por ello más alternativa que la de cuidarlo.

Hace ya algún tiempo –aunque no el suficiente para que mi receta haya prescrito– escribí una serie de artículos dialogados que trataban, bajo el rótulo general de *Muere viejo y ten un cadáver bonito*, de lo mismo que aquí trato: mi elixir de la eterna juventud. Fue una tarea agradable, pero relativamente inútil hasta hoy, porque el grupo editorial que iba a incluir lo escrito en una de sus cabeceras periodísticas quebró fraudulentamente y dejó mis artículos, y los de otros compañeros, en la estacada. Recupero ahora, entrecortadamente, algunos fragmentos de lo que escribí entonces...

1. [...] –¿Me estás pidiendo, Oisinoid,[1] que te revele la fórmula de mi celebérrimo elixir de la eterna juventud?

–Efectivamente. Te lo estoy pidiendo. Sé generoso. Comparte y reparte. Allá arriba, en mi patria de éter, te lo agradecerán y te recompensarán.

–Es un secreto.

–A voces, patrón. Te has despepitado por aquí y por allá, en tertulias radiofónicas, en programas de televisión y en esta misma columna, haciéndote lenguas sobre los ingredientes del elixir en cuestión.

–Los buenos cocineros nunca explican sus recetas, pero en fin... Oído al parche y ve anotando. Todas las mañanas, después de la ducha y antes del desayuno, me meto entre pecho y espalda lo que sigue. A saber: cuatro cápsulas de *young vital* acompañadas por un yogur, una cucharada de polen y otra de lecitina de soja, una dosis de yinseng rojo envasado en origen, ciento cincuenta miligramos de ácido acetilsalicílico de liberación sostenida,[2] un pellizco de jalea real fresca, una cápsula de vitaminas y oligoelementos reforzada con toda clase de antioxidantes, cinco comprimidos de spirulina, seis perlas de aceite de onagra y otras tantas de aceite de pescado azul, dos dientes de ajo, una cucharada de jarabe de arce, una pastilla de selenio, otra de coenzima CoQ10, tres de uña

1. *Dionisio* escrito al revés. Llamo así, en muchos de mis artículos y en algunos de mis libros, a un personaje fantasmagórico –mi álter ego, mi ángel de la guarda, mi doble astral– con el que dialogo, discuto y me desespero. A él le pasa lo mismo: no hace carrera de mí.

2. *Tromalyt* es su nombre comercial.

de gato, otras tantas de *ginkgo biloba*, veinte gotas de *serumdal* en el dorso de la mano (seguidas de las correspondientes friegas mirantes a la absorción cutánea), dos papelinas –la segunda la tomo por la noche– de *ganoderma lucidum* con logotipo de *yoki-reishi*, tres pelotazos extra –a razón de un gramo por pelota– de vitamina C y uno de la E (siempre de la marca Solgar), una dosis de betacaroteno, un trago de...

–Frena, patrón, que a ese paso no te vas a morir nunca, lo que me obligaría a seguir revoloteando y zascandileando por este valle de lágrimas hasta que se produzca la parusía. ¡Menudo laberinto! Guíanos por él, resúmelo, tradúcelo, ponlo a nuestro alcance... O sea: escoge en ese maremágnum tres productos, sólo tres, que nos ayuden a dar los primeros pasos por la senda de la inmortalidad.

–¿Los más eficaces, los que más y mejor se notan, los de más amplio espectro, los que no tienen vuelta de hoja?

–¡Ele!

–Nada más fácil. Yo empezaría tomando *young vital*, *serumdal* y *yoki-reishi*, pero sin olvidarme del *ginkgo*.

–Comencemos por el último...

–No, Oisinoid. Tocan a retreta. Ya no me queda espacio.

–A buen entendedor... ¿Lo sabremos la próxima semana?

–¡Por éstas!

Y así será.

2. [...] –Céntrate, patrón. No divagues. No te vayas, como de costumbre y tan de buena mañana por los cerros de Úbeda. Es la hora del chocolate con porras –o, mejor aún, con porros– y de acu-

dir al tajo. Hace una semana dejaste a tus lectores con la miel de la salud, de la longevidad y de la *fuerza* del Jedi en los labios. Prometiste que ibas a explicarles lo que es el *young vital*, el *serumdal*, el *ginkgo biloba* y el *yoki-reishi*.

–Cierto, Oisinoid. Tienes memoria de elefante astral. Lo prometí, en efecto, y mi palabra va a misa todos los domingos y fiestas de guardar.

–Al tronco, jefe, al tronco. Olvídate de las ramas. Cíñete al burel. Dinos de una puñetera vez en qué carajo consiste, por ejemplo, el *yoki-reishi*.

–¡Magnífico olfato, Oisinoid! No sé de dónde lo sacas, habida cuenta de que tu pituitaria es incorpórea, pero lo tienes. El *yoki-reishi*, del que ya he hablado en otras ocasiones (lo que no me exime de la obligación de aconsejar nuevamente su uso), es la joya de mi elixir. Se trata, angelote, de un hongo muy apreciado por la farmacopea china que los japoneses han decidido rescatar, mejorar, producir y distribuir. Su nombre científico, como te expliqué hace siete días, es el de *ganoderma lucidum*. Contiene, entre otras sustancias más o menos milagrosas, germanio. Y el germanio posee la virtud de transportar el oxígeno de la sangre hasta los más remotos rincones, entresijos y encrucijadas del organismo.

–Traduce, patrón, traduce, que obras son amores y no buenas razones. ¿Cómo actúa ese hongo milagrero? ¿Para qué sirve el *yoki-reishi*? ¿Cómo se toma? ¿Dónde se compra?

–El *yoki-reishi*, Oisinoid, disuelve las aglomeraciones de impurezas en cualquier parte del cuerpo, limpia y equilibria el torrente sanguíneo, fortalece el corazón y las articulaciones, endurece los huesos, acelera y regula la circulación, despeja los bronquios, protege el hígado, estimula las funciones sexuales, corrige las anomalías del metabolismo, pone a punto el sistema inmunitario, previene, retrasa, debilita y a veces elimina la metástasis de las células cancerosas, desactiva la bronquitis crónica y reduce los efectos del tabaco, estimula la producción de linfocitos T y, en consecuencia, planta cara al retrovirus del sida, y...

–Para el carro y la boquita de piñón, jefe, que con tanta verborrea se te está desbordando y terminando la columna.

–No importa. Seguiré la próxima semana.

–De acuerdo. Pero dime antes dónde puedo comprar esa panacea, ese licor de poder, esa bomba de energía, esa pócima de felicidad, de fuerza y de juventud.

–Llama al 627 202 452 y pídelo contra reembolso. Lo recibirás a la vuelta de unos días. Y antes, si lo solicitas, y yo te aconsejo que así lo hagas, te facilitarán un librillo de explicaciones e instrucciones. Pero ten cuidado con las imposturas y contrahechuras, que en el negocio de la herboristería, de la dietética y de los fármacos alternativos, como en casi todo, el que no corre, vuela, y no precisamente con alas tan níveas como teóricamente lo son las tuyas, Oisinoid. Algunos lectores me han avisado, después de leer lo que hasta ahora llevo escrito sobre este asunto, de que existen en el mercado productos *made in China* e *in Corea* o *in Thailandia* que sólo incluyen un veinte por ciento de *reishi* (así se llama, a palo seco, el hongo en cuestión) o, mejor dicho, de *pseudo-reishi* y que por ello, como es natural, resultan mucho más baratos, pero al elevadísimo precio de no servir, literalmente, para nada.

–¿Para *nada*?

–Para nada, Oisinoid, para nada... Como si te tomases un lingotazo de agua del grifo. El *ganoderma lucidum* no puede cultivarse artificialmente, como lo cultivan los tailandeses, los chinos y los coreanos, y adolece, por añadidura, de una coraza molecular que el estómago humano no consigue digerir. Los japoneses, siempre tan eficaces y tan minuciosos e ingeniosos, han inventado un artilugio que rompe esa membrana y permite la incorporación del ciento por ciento de la sustancia activa al organismo. Sus setas, además, proceden de plantaciones situadas en los llamados Alpes del Japón y rigurosamente sometidas a los mandamientos ambientales y a las leyes del ecosistema. Todo lo demás, Oisinoid, es cuento.

–¿Y cómo defenderse de él y de la picaresca de los chinos, de los coreanos, de los tailandeses y de los intermediarios que aquí les ríen las gracias y propalan las imitaciones espurias?

–No prestando oídos a los cantos de sirena de los dependientes de las herboristerías, rechazando con firmeza los remedos y las falsificaciones, exigiendo que el producto venga del Japón y lleve el prefijo *yoki* delante del sufijo *reishi*, y pidiéndolo contra reembolso –como ya te he dicho– en el 627 202 452. Te lo repito porque a mucha gente le puede ir la vida en ello.

–Sigamos. ¿Qué es el *young vital*? Hablaste de él en la primera entrega de esta serie.

–El nombre es más bien estúpido, pero el contenido, no. Se trata, para variar, de un descubrimiento japonés debidamente corroborado por la ciencia. Su sustancia activa es el polvo de caparazón de cangrejo. Elimina los pólipos del colon y, en líneas generales, levanta el ánimo, confiere energía y apuntala el sistema inmune. Puedes comprarlo en las herboristerías o pedirlo directamente a un teléfono de Barcelona que se me ha traspapelado.[1]

–Tercera pregunta: ¿qué es el *serumdal*? También mencionaste ese producto en tu primer artículo e incluso insinuaste, si no recuerdo mal, que era, después del *yoki-reishi,* la gema más importante de tu corona farmacológica.

–Y lo es, Oisinoid, lo es. Me preguntas por otra panacea portentosa, de esas que sirven simultáneamente para toda clase de rotos y descosidos en la frágil tela de la salud. No voy a contarte ahora, como si yo fuese Sherezada y tú Harún-al-Rachid, la prodigiosa historia de esa triaca que además, hoy por hoy, sólo puede adquirirse en España, porque ya lo hice en mi novela *La prueba del laberinto* (consulte su página 145, y las siguientes, el lector que desee más datos). Baste con decir que el *serumdal* es extracto de crisálida de gusanos de seda y regenera de arriba abajo el organismo embelleciendo, de pasada, la piel y cicatrizando en un pispás, cuando la haya, cualquier herida.

–¿Quién me lo vende, patrón?

–Escribe de mi parte a Crismur S. L., Polo de Medina, 7 (Murcia) y, luego, vuela, angelito, vuela, que eso es lo tuyo.

1. Ni lo uno ni lo otro, ni en Barcelona ni en las herboristerías: la Agencia Española del Medicamento, siempre al servicio de los intereses gremiales e industriales, acaba de prohibirlo de igual modo y por las mismas sinrazones por las que hace unos años prohibió la melatonina. Los españoles no estamos autorizados a consumir lo que los japoneses, los norteamericanos y los alemanes, por ejemplo, pueden comprar sin receta ni salvaconducto extendido por el presidente del gobierno en cualquier establecimiento del ramo. ¡Viva la libertad!

–¿Más joyas en la fórmula de tu elixir?

–Las de ordinaria administración, que no voy a mencionar, y el quíntuple cóctel formado por la *uña de gato*, el *ginkgo biloba*, la enzima CoQ10, la equinácea y el própolis.

–¿Nos aclararás el sentido de esos latinajos en el próximo artículo?

–No, no lo haré. Búsquense la vida, nunca mejor dicho, los lectores. Otros asuntos me reclaman.

–Pues a mí también, patrón. Hasta más ver.

Y Oisinoid, contoneándose y atusándose las plumas, hace –¡al fin!– mutis por el foro. ¿Volverá?

Ya veremos...

CALENDARIO ESPIRITUAL

A finales de 1992 publiqué un calendario espiritual consistente en trescientas sesenta y cinco frases... Una, obviamente, para cada día del año.

Las incluyo ahora aquí por motivos no menos obvios. Sepa, sin embargo, el lector que no debe utilizarlas para meditar, porque le distraerían, sino para reflexionar, que es –opine lo que opine el diccionario– cosa bien distinta, incluso opuesta.

La sinonimia entre ambos términos constituye un lapsus conceptual característico de la confusión judeocristiana que reina, hoy, en Occidente. No siempre fue así y no lo fue nunca para los místicos.

Se medita parando el pensamiento, no atizándolo.

Éstas son las frases...

Enero

1. En el principio era el Verbo, y el Verbo estaba en Dios, y el Verbo era Dios. (Evangelio según san Juan)

2. En parte alguna veo principio ni medio, ni fin, oh, Señor de forma infinita. (Baghavad Gita)

3. Cada cosa, en este mundo de abajo, tiene su propio e inconfundible aroma. El aroma del océano, por ejemplo, es el de la sal.

También la doctrina que yo predico tiene su aroma. Y ese aroma se llama liberación. (Buda)

4. Dios ha dado a cada pueblo un profeta en su propia lengua. (Mahoma)

5. El templo es la vida, la vida es el Templo. (Aforismo tántrico)

6. Me aburren los ateos. Siempre están hablando de Dios. (Heinrich Böll)

7. Sirve, ama, da, purifica, medita, realízate. (Shivananda)

8. Después de la noche oscura del alma viene siempre la subida al monte Carmelo. Y viceversa. (Sánchez Dragó)

9. No hay ateos en las trincheras (W. Th. Cummings)

10. El alma no puede tener secretos sin que la conducta los revele. (Papini)

11. Si las criaturas resultan amables, no es para que puedas amar a las criaturas, sino para que puedas amar a Dios. (Brihadâranyaka Upanishad)

12. El cerebro no es un vaso por llenar, sino una lámpara por encender. (Plutarco)

13. Quien lo conoce a Él se conoce a sí mismo y no teme morir. (Atharva Veda)

14. ¿Por qué se ha de temer a los cambios? Toda la vida es un cambio. (H. G. Wells)

15. ¿Qué necesidad hay de tantas noticias de fuera cuando todo lo que atañe a la vida o a la muerte ocurre y opera dentro de nosotros? (William Law)

16. Los ríos profundos corren en silencio; los arroyos son ruidosos. (Proverbio hindú)

17. El objeto de la meditación consiste en alcanzar la gnosis a través de la experiencia mística. (David Christie Murray)

18. Hoy es el primer día del resto de tu vida. (Anónimo)

19. A un perro no se le considera buen perro porque sea buen ladrador. Un hombre no es considerado buen hombre porque sea buen hablador. (Chuang Tse)

20. Nadie puede bañarse dos veces en el mismo río. (Heráclito)

21. Detrás de los ojos del iniciado se esconde la mirada de Dios que regresa. (Francisco de Oleza)

22. No hay nada más flexible que el agua, pero para vencer lo duro y lo rígido nada la supera. La rigidez conduce a la muerte. La flexibilidad a la vida. (Lao-Tsé)

23. Todo lo que vivimos es digno de ser vivido. (Proverbio Zen)

24. Si ni eres feliz, el culpable eres tú. (Epicteto)

25. La muerte nos brinda la posibilidad de vivir cada minuto completa y totalmente, sin las limitaciones del pensamiento. (Krishnamurti)

26. ¿Puedes andar sobre el agua? No hiciste más que lo que hace una paja. ¿Puedes volar por el aire? No hiciste más que lo que hace una mosca. Vence a tu corazón. Entonces quizá llegarás a ser alguien. (Ansari de Herat)

27. Las ceremonias en sí no son pecado, pero quien crea que puede alcanzar la vida eterna por el bautismo o compartiendo el pan vive todavía en la superstición. (Hans Denk)

28. El verdadero conocimiento consiste en no intentar saber lo que no nos concierne y en estar atentos a lo que nos concierne. (Patrice Richard)

29. Las vestiduras de Isis son abigarradas para representar el cosmos; las de Osiris son blancas y simbolizan la Luz Inteligible que hay más allá del cosmos. (Plutarco)

30. El que sufre por amor no sufre, pues todo sufrimiento es olvidado. (Eckhart)

31. El encuentro con lo misterioso es la experiencia más hermosa de la vida humana y el origen de toda ciencia. (Einstein)

Febrero

1. Quien no espera encontrar lo inesperado nunca encontrará la verdad. (Pascal)

2. El camino no es el objetivo, pero el Espíritu no alcanza su meta sin haber recorrido el camino. (Hegel)

3. Donde no hay visiones, el pueblo perece. (Proverbios, 29, 18)

4. Aquel que no ama no conoce a Dios, pues Dios es Amor. (Juan, I, 4)

5. Aquel que no conoce a Dios no lo ama, porque sin conocimiento no hay amor. (Sibila Pironti)

6. No hay nadie en el mundo que no pueda llegar sin dificultad a la perfección más absoluta cumpliendo con amor deberes oscuros y comunes. (J. P. de Caussade)

7. Todos los caminos conducen a ninguna parte. (Castaneda)

8. Enamorarse no es amar. Una persona puede enamorarse y odiar. (Dostoievski)

9. Aquel que a la hora de la muerte deja su cuerpo pensando en Mí, se unirá luego conmigo. (Baghavad Gita)

10. La dependencia genera miedo. Si yo dependo de usted emocional, psicológica o espiritualmente, seré su esclavo y, por lo tanto, le temeré. No es una opinión, sino un hecho. (Krishnamurti)

11. El dharma del agua es fluir, el del fuego es quemar, el del pez es nadar, el del ave es volar, el del hombre es alcanzar la salvación. (William Stoddart)

12. Los elementos que constituyen el hombre producen aptitud para el dolor. La causa del dolor es la avidez de vida individual. La liberación de la avidez acaba con el dolor. El camino de la liberación es el Óctuple Sendero. (Las Cuatro Nobles verdades del Budismo)

13. Es increíble la fuerza que el alma puede infundir al cuerpo. (Humboldt)

14. La vida es lo que haces de ella. (Aforismo hindú)

15. Porque si por la Ley se alcanza la justicia, entonces Cristo murió en vano. (San Pablo)

16. La sombra no existe. Lo que tú llamas sombra es la luz que no ves. (Henri Barbusse)

17. Difícil es, cuando está afilada, caminar sobre el filo de una cuchilla de afeitar. Así pues, dice el sabio, difícil es el camino de la salvación. (Katha Upanishad)

18. El trabajo ha de servir para la purificación de la mente, no para la percepción de la Realidad. Ésta se percibe a través del discernimiento y no, ni en lo más mínimo, a través de diez millones de actos. (Shankara)

19. El mundo está aprisionado en su propia actividad, salvo cuando los actos se cumplen como culto de Dios. Debes, pues, realizar sacramentalmente cada uno de tus actos y quedar libre de todo apego a los resultados. (Baghavad Gita)

20. Mas el doctor no sabía / que hoy es siempre todavía. (Antonio Machado)

21. Nunca, desde que el mundo existe, había surgido en él una nación capaz de degradar por sí sola la inteligencia, la ética y la condición humana en casi toda la superficie de la Tierra. Yo acuso a Estados Unidos de encontrarse en permanente situación de crimen contra la humanidad. (Henri de Montherlant)

22. La fuerza que gobierna y organiza la naturaleza es la misma que en el hombre se llama voluntad. (Schopenhauer)

23. Los maestros son quienes se han superado a sí mismos y la maestría consiste en el dominio de la mente. Cuando la mente se convierta en tu fiel servidor, el mundo entero estará a tu servicio. (Hazrat Inayat Khan)

24. Si te rodean las sombras es que estás en el camino. (José Infante)

25. Estudiar el budismo es estudiar el ego. Estudiar el ego es olvidar el ego. (Dogen)

26. Si dijeses: «Ya basta: alcancé la perfección», todo está perdido. Pues es función de la perfección hacer que uno conozca su propia imperfección. (San Agustín)

27. Es un grave signo de mediocridad alabar siempre con moderación. (Vauvernagues)

28. Es bueno conocer las leyes de Dios o de la Naturaleza, pero

eso no es suficiente. También debes aprender a observarlas. (Shivananda)

Marzo

1. ¿Cómo lo aferraré? No lo aferres. Lo que queda cuando no hay nada que aferrar es el Yo. (Panchadasi)

2. En los ojos del joven arde la llama; en los del viejo brilla la luz. (Victor Hugo)

3. Nadie necesita retirarse a un bosque o a una cueva para conocer su realidad interior y dominar su naturaleza inferior. La batalla de la vida se puede ganar viviendo en el mundo a condición de que lo hagamos libres de apegos. (Sai Baba)

4. El fin de la oración no es alcanzar lo que pedimos, sino transformarnos. (Anónimo)

5. Te ordeno que permanezcas en Dios o junto a Dios, sin intentar hacer nada allí y sin pedirle nada a Él si Él no lo pide. (San Francisco de Sales)

6. Los problemas dan sabor a la vida y al pensamiento. Los problemas son bendiciones para ti. Un problema es un reto a la aventura. (Shivananda)

7. Del mundo de los sentidos proceden el calor y el frío, el placer y el dolor: unos y otros son efímeros y accidentales, van y vienen... Sobrepónte a ellos con valentía. (Baghavad Gita)

8. Lo importante no es lo que hemos hecho, sino lo que vamos a hacer. (Patrice Richard)

9. Dentro de cada uno de nosotros hay un lugar más allá de lo perceptible donde reside todo el conocimiento. (George Melton)

10. La felicidad de nuestra vida depende de la serenidad de nuestra conciencia. (Oliver Goldsmith)

11. La verdad no es estática. La verdad es siempre nueva y sólo la puede comprender una mente que esté muriendo para toda acumulación, para toda experiencia, y que por lo tanto sea fresca, joven, inocente. (Krishnamurti)

12. Sabe que cuando aprendas a perderte a ti mismo alcanzarás al Amado. No hay otro secreto que aprender ni sé yo más que esto. (Ansari de Herat)

13. Debes amar a Dios como no-Dios, no-Espíritu, no-persona, no-imagen; debes amarlo como es: el puro Uno absoluto, separado de toda dualidad y en quien debemos eternamente hundirnos de nada en nada. (Eckhart)

14. Por el amor puede Él ser habido y retenido, mas por el pensamiento, nunca. (La Nube del No Saber)

15. El primer paso para la realización de Dios es la renuncia a todo deseo egoísta. (Shivananda)

16. Tu propio yo es tu Caín que asesina a tu Abel, pues cada acto y moción del yo tiene el espíritu del anticristo y destruye la vida divina dentro de ti. (William Law)

17. Renunciando completamente a todos los dharmas, búscame sólo a mí como refugio. (Baghavad Gita)

18. Si no se obtiene el objeto deseado hay infelicidad. Si se consigue, existe la ansiedad por su posible pérdida. Si falta, aumenta la

desdicha. Por eso la única felicidad posible consiste en renunciar al deseo. (Shivananda)

19. ¡Oh, Dios mío, ayúdanos a ser señores de nosotros mismos a fin de que sepamos ser servidores del prójimo! (Paterson)

20. Se teme el despertar y uno se finge muerto. (Bernard Groethnysen)

21. Nada es imposible para el que practica la meditación. Con la meditación se llega a ser dueño del universo. (Lao-Tsé)

22. Practica el heroísmo diario de cumplir con tu deber. (Abdul Baha)

23. Ten siempre tus manos libres para seguir el camino recto, aunque te mueras de soledad o de hambre. (David Thoreau)

24. Sólo hay un templo en el mundo: el cuerpo humano. (Novalis)

25. El hombre encuentra a Dios detrás de cada puerta que la ciencia logra abrir. (Einstein)

26. Si es peligroso no querer ser más que un animal, también es peligroso no querer ser más que un ángel. (Patrice Richard)

27. Hay pocos espíritus contemplativos, porque pocas almas son perfectamente humildes. (Kempis)

28. La práctica espiritual no estriba únicamente en encontrarnos a nosotros mismos, sino que también entraña el descubrimiento de nuestro quehacer en el mundo. (Gerald May)

29. La naturaleza real del hombre es divina. El próposito de la vida del hombre es descubrir y manifestar esa divinidad. (Shivananda)

30. Poca ciencia aleja muchas veces de Dios y mucha ciencia conduce siempre a Él. (Bacon)

31. Dios, al ser amor, es también felicidad. Ésa es la felicidad que busco. (Anónimo)

Abril

1. A mis enemigos, que tanto me han ayudado. (Camilo José Cela)

2. Leer poco y pensar mucho, hablar poco y escuchar mucho: ese es el camino para llegar a ser sabio. (Shivananda)

3. El que interrumpe el curso de su oración y ejercicios espirituales es como el que soltó el ave de la mano. No la volverá a cobrar. (San Juan de la Cruz)

4. Guardó su casa e hiló. (Epitafio de una matrona romana)

5. Si usted pinta su perro exactamente, no tendrá un perro, sino dos perros. (Goethe)

6. Yo moro en el corazón de todos los seres. (Baghavad Gita)

7. Se puede conocer el mundo sin salir de casa. Sin mirar por la ventana puede conocerse el sentido del cielo. Cuanto más se recorre, tanto menos se sabe. (Lao-Tsé)

8. El astrolabio de los misterios de Dios es el Amor. (Jalal-Uddin Rumi)

9. El arte empieza en aquel punto en que vivir no basta para expresar la propia vida. (Anónimo)

10. El ojo que ves no es / ojo porque tú lo veas; / es ojo porque te ve. (Anonio Machado)

11. Mi corazón es capaz de cualquier forma: un monasterio para

el monje, un templo de ídolos, un prado para las gacelas, la ka'aba para el peregrino, las tablas de la Torá, el Corán. (Ibn Arabí)

12. Sólo viéndole a Él se trasciende de la muerte. No hay otra manera. (Svetasvatara Upanishad)

13. La civilización no consiste en multiplicar hasta el infinito las necesidades humanas, sino en limitarlas deliberadamente a lo esencial. (Gandhi)

14. Cuando llegue el momento de morir, dijo la rana, bajaré al mar para que me devore una de sus criaturas; así, incluso mi muerte será un acto de bondad. (El Talmud)

15. Porque si perdonáis a los hombres las ofensas que cometen contra vosotros, también vuestro padre celestial os perdonará vuestros pecados. Pero si vosotros no perdonáis a los hombres, tampoco vuestro Padre os perdonará. (El Evangelio según san Mateo)

16. El amor es infalible, no tiene errores, pues todos los errores son faltas de amor. (William Law)

17. La poesía es palabra en el tiempo. (Antonio Machado)

18. Dios nos aspira hacia Sí en la contemplación, y entonces debemos ser totalmente suyos; pero, después, el Espíritu de Dios nos espira hacia fuera para la práctica del amor y de las buenas obras. (Ruysbroek)

19. En el principio era el Verbo; he aquí a quien escuchaba María. Y el Verbo se hizo carne; he aquí a quien servía María. (San Agustín)

20. El sexo y la muerte: la puerta delantera y la puerta trasera del mundo. (William Faulkner)

21. Quienes están despiertos viven en un mundo común. Quienes duermen viven en mundos separados. (Heráclito)

22. Nada sienta mejor al cuerpo que el crecimiento del espíritu. (Proverbio chino)

23. Ahora, los niños nacen viejos. A los cinco años los niños son maravillosos. A los doce, hay que tirarlos a la basura. (Jorge Oteiza)

24. Con la aniquilación de la familia desaparecen las tradicionales prácticas piadosas; de su abolición surge la impiedad que se enseñorea de todos los supervivientes. (Baghavad Gita)

25. No hay más que un modo de ser felices: vivir para los demás. (Tolstói)

26. La curación consiste, esencialmente, en la liberación del miedo. (Anónimo)

27. Doctor, siempre se muere joven. (Stevenson)

28. Nunca contestes a una palabra airada con otra palabra airada. Es la segunda la que provoca la riña. (Confucio)

29. El hombre a quien ni el dolor ni el placer perturban, por lo que permanece inalterable en toda circunstancia, es merecedor de la inmortalidad. (Baghavad Gita)

30. Usa lo que tienes y lo que tengas crecerá. (Aforismo hindú)

Mayo

1. Donde no hay caridad no puede haber justicia. (San Agustín)

2. No se hizo el hombre para el sábado, sino el sábado para el hombre. (Jesús de Galilea)

3. El mundo se compone de los que dan y de los que reciben.

Puede que los segundos coman mejor, pero duermen mejor los primeros. (Séneca)

4. Quien reconoce la identidad entre el dios que late en sí mismo y el dios existente en todo lo creado, no se daña a sí mismo dañando a los demás y así se encamina a la meta suprema. (Baghavad Gita)

5. Facilitar una buena acción es lo mismo que hacerla. (Mahoma)

6. Eres el descendiente de tu propio pasado y progenitor de tu propio futuro. (Shivananda)

7. Si vivir es bueno, / es mejor soñar, / y mejor que todo, / madre, despertar. (Antonio Machado)

8. El hombre es como la mariposa: se precipita ciegamente hacia la llama aunque te hiera y te queme. (Witold Gombrowicz)

9. Ojo a las situaciones inesperadas. En ellas se encierra nuestra gran oportunidad. (Pulitzer)

10. El camino hacia Dios estriba simplemente en reconocer lo que siempre hemos sido y donde siempre hemos estado. (Anónimo)

11. Las mejores personas alimentan lo bueno en los demás, no lo malo. Las peores personas alimentan lo malo en los demás, no lo bueno. (Confucio)

12. La televisión es una forma de esparcimiento que permite a millones de personas oír simultáneamente el mismo chiste y, sin embargo, seguir sintiendo la tristeza de la soledad. (Eliot)

13. Yo soy un moro judío / que vive entre los cristianos / y no sé cuál es mi Dios / ni quiénes son mis hermanos. (Chicho Sánchez-Ferlosio)

14. No hagas nada y, de ese modo, nada quedará sin hacer. (Lao-Tsé)

15. Hermanos, no despreciéis a los hombres por sus pecados, amadles aunque sean pecadores, pues un amor tal es el que nos hace semejantes a Dios. (Dostoievski)

16. No basta saber dónde está el tesoro; hace falta trabajar para sacarlo. (Quevedo)

17. La ciudad de Dios está hecha por el Amor de Dios llevado al desprecio del yo; la ciudad terrenal, por el amor del yo llevado al desprecio de Dios. (San Agustín)

18. La caridad es una virtud del corazón y no de las manos. (Addison)

19. La sabiduría empieza donde termina el conocimiento. (Krishnamurti)

20. El mundo no podrá superar su estado actual de crisis recurriendo al mismo modo de pensar que creó la situación. (Einstein)

21. El hombre es hecho por su creencia. Según cree, así es. (Baghavad Gita)

22. Un anciano es cosa nimia, / un harapo de un abrigo sobre un palo, salvo / si el alma aplaude y canta más y más alto / por cada girón en su mortal vestido. (Yeats)

23. Dios ha de ser gozado; las criaturas, sólo usadas como medio hacia Aquel que ha de ser gozado. (San Agustín)

24. Sube y sube, pero ten / cuidado, nefelibata, / que entre las nubes también / se puede meter la pata. (Antonio Machado)

25. He sostenido antes y todavía sostengo que ya poseo todo lo que se me concede en la eternidad, pues Dios en la plenitud de su divinidad reside eternamente en su imagen, que es el alma. (Eckhart)

26. A la pregunta: ¿Dónde va el alma cuando el cuerpo muere?, Jacob Boheme contestó: No tiene necesidad de ir a ninguna parte. (Sutra del Diamante)

27. La vida consciente es un sueño controlado. (Santayana)

28. Ser hombre significa ser responsable. (Saint-Exupéry)

29. Un caballero se avergüenza de que sus palabras sean mejores que sus hechos. (Confucio)

30. Por buscar la demasía es todo el mal / que padecemos; por lo necesario / nunca hemos de penar mucho. (Dom Seb Tob)

31. El deseo siempre es querer coger. Y de lo que se trata es de dar. (Patrice Richard)

JUNIO

1. El amor es la única fuerza motriz de la mente, que la saca del mundo y la lleva a la altura. (San Gregorio el Grande)

2. Los que hablan mal de mí son realmente buenos amigos míos. Cuando, calumniado, no abrigo enemistad ni preferencia, crece dentro de mí el poder del amor y la humildad, que nace de lo innato. (Kung-Chia Ta-Shin)

3. Hacemos un ídolo de la verdad misma, pues la verdad separada de la caridad no es Dios, sino su imagen e ídolo, que no debemos amar ni adorar. (Pascal)

4. Muy débil es la razón si no llega a comprender que hay muchas cosas que la sobrepasan. (Pascal)

5. La costumbre de creer debe llegar a ser más fuerte que la de apoyarse en el conocimiento. (Padre Faber)

6. He reducido el mundo a mi jardín y ahora veo la intensidad de todo lo que existe. (Ortega y Gasset)

7. Ten el pensamiento adecuado en el momento preciso. (Shivananda)

8. La humildad es algo muy extraño. En el momento mismo en que creemos tenerla ya la hemos perdido. (San Agustín)

9. Hoy, antes del alba, subí a las colinas, / miré los cielos apretados de luminarias / y le dije a mi espíritu: cuando / conozcamos todos estos mundos y el placer y la sabiduría / de todas las cosas que contienen, / ¿estaremos tranquilos y satisfechos? / Y mi espíritu dijo: No, / ganaremos esas alturas sólo para seguir adelante. (Walt Whitman)

10. La risa es la distancia más corta entre dos personas. (Bernard Shaw)

11. Si encuentras en la playa a una persona hambrienta, no le regales un pez; enséñale a pescar. (Aforismo hindú)

12. Los bienes de Dios, que están fuera de toda medida, sólo pueden ser contenidos en un corazón vacío y solitario. (San Juan de la Cruz)

13. Cuando el corazón llora por lo que ha perdido, el espíritu ríe por lo que ha encontrado. (Aforismo sufí)

14. Un hombre honrado es el que mide sus derechos por sus deberes. (Cicerón)

15. Nada importa que no acudas a celebrar el éxito de un amigo, pero no dejes de acudir a su lado en el infortunio. (Cleóbulo de Lindio)

16. En las batallas todos resultan derrotados: los vencidos y los vencedores. (Buda)

17. El placer de morir sin pena / vale la pena de vivir sin placer. (San Agustín)

18. Dios espera una sola cosa de ti: que salgas de ti mismo y dejes a Dios ser Dios en ti. (Eckhart)

19. Al católico le es muy difícil no creerse mejor que los demás hombres. (Mauriac)

20. Aprender a conocernos es aprender a vernos tal y cual somos, como en el momento de la muerte. (Patrice Richard)

21. Cuando un hombre empieza a comprender que quizá su padre tenía razón, por lo general ya tiene un hijo que piensa que su propio padre está equivocado. (Emerson)

22. La belleza de la juventud procede de la armonía natural de las facciones. La belleza del semblante de un anciano procede de su alma. (Alexis Carrel)

23. ¿Por qué se mata a las personas que han matado a otras personas? ¿Para demostrar que no se debe matar a las personas? (Norman Mailer)

24. No es bueno que todo suceda como deseamos. (Bossuet)

25. Los espartanos no preguntaban cuántos eran los enemigos, sino dónde estaban. (Anónimo)

26. La ociosidad es más peligrosa para los viejos que para los jóvenes. (Alexis Carrel)

27. El ayer es dinero gastado. El mañana es dinero por venir. Usa, pues, el día de hoy, que es dinero en efectivo. (Proverbio chino)

28. Si te subes a un tigre no bajarás cuando tú quieras, sino cuando quiera el tigre. (Proverbio chino)

29. El amor es el medio, la verdad es el fin. Si utilizamos el medio, tarde o temprano llegaremos a la verdad, a Dios. (Gandhi)

30. ¿Cómo pretendes que otro guarde tu secreto si tú mismo no lo has sabido guardar? (La Rochefoucauld)

Julio

1. El enemigo natural de la libertad es el Estado, esa entelequia con la que el hombre no debería colaborar jamás. (Bacon)

2. Quien las graves congojas huir desea / de que está nuestra vida siempre llena, / ame la soledad quieta y amena, / donde las ocasiones nunca vea. / Allí de paciencia se provea / contra los pensamientos que dan pena / y de memoria del morir, que es buena / para defensa de cualquier pelea. (Arias Montano)

3. Que el corazón sea el rey y la cabeza el primer ministro. (Mi amiga Olivia)

4. En verdad os digo que cualquier objeto que tengáis en el pensamiento, por bueno que sea, será una barrera entre vosotros y la íntima Verdad. (Eckhart)

5. He sido un hombre que busca y aún lo sigo siendo, pero ya no busco en las estrellas y en los libros, sino que empiezo a escuchar las enseñanzas que me comunica mi sangre. (Hermann Hesse)

6. El único sentido de esta vida consiste en ayudar a establecer el Reino de Dios en la tierra. (Tolstói)

7. Dios, si te adoro en el temor del infierno, quémame en el infierno. Y si te adoro en la esperanza del paraíso, exclúyeme del paraíso. Pero si te adoro por tu propia causa, no me prives de tu eterna belleza. (Rabi'a)

8. Occidente es un accidente mortal para la humanidad. (Garaudy)

9. Buscando el bien de nuestros semejantes encontramos el nuestro. (Platón)

10. Mira, todo –sea cual sea el modo de su florecimiento– / vuelve a la raíz de donde partió. (Lao-Tsé)

11. Por un hombre sin pasiones entiendo aquel que no permite que el bien o el mal perturbe su economía interna, sino que más bien se aviene a lo que ocurre y no aumenta la suma de su mortalidad. (Chuang Tse)

12. Los deseos impiden la concentración. No se puede tener verdadera concentración cuando la cabeza está llena de deseos. (Shivananda)

13. El hombre es algo que ha de ser superado. ¿Qué habéis hecho vosotros para superar al hombre? (Nietzsche)

14. Los enemigos principales y más activos del hombre son la vanidad y el amor propio. (Gurdjeff)

15. Sólo venciéndote vencerás. (Séneca)

16. Cuando quieras hacer algo, hazlo. No aguardes hasta que las circunstancias te parezcan favorables. (Kipling)

17. Los seres humanos estamos hechos para superarnos y sólo somos verdaderamente nosotros mismos cuando nos trascendemos. (Huston Smith)

18. La no-violencia es la más alta calidad del corazón. La riqueza no sirve para conseguirla, la cólera la desvía, el orgullo la devora, la gula y la lujuria la oscurecen, la justicia la vacía, toda prisa injustificada la compromete. (Gandhi)

19. En lo necesario, unidad; en la duda, libertad; y en todo, comprensión. (San Agustín)

20. Nada arde en el infierno, sino el Yo. (Teología germánica)

21. Pecado es todo lo innecesario. Lo indispensable siempre está permitido. (Gurdjeff)

22. Gobierno imperceptible, pueblo feliz; gobierno solícito, pueblo desgraciado. (Lao-Tsé)

23. ¡Cuánto pierden los que sólo saben ganar dinero! (Narosky)

24. Así como los hijos de una misma familia son de una misma carne y sangre, así también Jesús fue de carne y sangre humana para derrotar con su muerte al que tenía poder para matar, es decir, al diablo. De esta manera ha dado libertad a todos los que por miedo a la muerte viven como esclavos durante toda su vida. (San Pablo)

25. Abandonar puede tener justificación; abandonarse no la tiene jamás. (Emerson)

26. Los hombres buenos espiritualizan su cuerpo; los hombres malos encarnan sus almas. (Benjamín Whichcote)

27. Ni los perezosos ni los necios ni los que no disciernen alcanzarán el nirvana, que es el desatar de todos los nudos. (Iti-Vuttaka)

28. Una mente que busca seguridad o comodidad en un partido político, en un gurú o en un iglesia jamás podrá acercarse a la verdad. (Krishnamurti)

29. Hay un secreto para la convivencia feliz con la persona amada: no intentes modificarla. (Chardonne)

30. La experiencia es como un billete de lotería comprado después del sorteo. No creo en ella. (Gabriela Mistral)

31. Los hechos nos afectan no por lo que son en sí mismos, sino por lo que pensamos acerca de ellos. (Gurdjeff)

Agosto

1. La verdad es totalmente interior. No hay que buscarla fuera de nosotros ni querer realizarla enfrentándonos violentamente con enemigos exteriores. (Gandhi)

2. Se te ha dicho: morirás. Y yo te digo: no morirás. La muerte no existe en ninguna parte, ya que nadie tiene el poder de añadir o restar nada a aquello que ha sido, es y será. (Ulrico de Maguncia)

3. Gobierna tu mente o ella te gobernará a ti. (Horacio)

4. Mezcla de cuando en cuando tu sabiduría con un poco de chifladura. (Horacio)

5. No hay sendero hacia la verdad, ni hindú, ni cristiano, ni budista, ni musulmán. La verdad tiene que ser descubierta a cada instante; y sólo podréis descubrirla cuando la mente está libre, sin la carga de la continuidad de las experiencias. (Krishnamurti)

6. La muerte es destrucción, creación y amor: estas tres cosas van siempre juntas, son inseparables. (Krishnamurti)

7. El Maligno acecha. (Proverbio judío)

8. Cada niño, al nacer, nos trae el mensaje de que Dios no ha perdido la esperanza en los hombres. (Tagore)

9. Buscad leyendo y hallaréis meditando. (San Juan de la Cruz)

10. Si eres consciente de cuándo tienes bastante, no caerás en la deshonra. Si sabes cuándo debes detenerte, nunca correrás peligro. (Aforismo taoísta)

11. Si tienes el coraje suficiente para vivir de acuerdo con tu vida interior y, al mismo tiempo, dejarte llevar por la corriente de la vida sin ninguna acción voluntaria y personal, felicítate. ¡El universo es tuyo! (Shri Anirván)

12. Se debe actuar no para permanecer, sino para desaparecer. Aquí sólo estamos de paso. (Patrice Richard)

13. Nunca traces tu frontera / ni cuides de tu perfil; / todo eso es cosa de fuera. (Antonio Machado)

14. Comprender un latido es comprenderlo todo. (Narosky)

15. Todo se resume en esto: yo soy el ser en sí, sin forma e inmanente en todo, lo que el tiempo no encadena ni el espacio limita, aquello que es esencialmente pura serenidad... Eso soy yo: eterno, sin partes, infinito. (Astravakra Gita)

16. Amar la verdad significa soportar el vacío y, por consiguiente, aceptar la muerte. La verdad está al lado de la muerte. (Simone Weil)

17. Sólo intentando lo imposible se realiza lo posible. (Henri Barbusse)

18. Grandes riquezas, gran esclavitud. (Séneca)

19. A veces cuesta mucho más eliminar un solo defecto que adquirir cien virtudes. (La Bruyère)

20. Renunciad al deseo de propiedad de las cosas temporales: ése es el primer paso en el camino de perfección. (Eliphas Levi)

21. Si estuvieras libre de temor, ¿sabes lo que ocurriría? Harías exactamente lo que quieres hacer. (Krishnamurti)

22. No sirve de nada ir deprisa si no sabes adónde vas. Lo importante es caminar en la dirección correcta. (Saint-Exupéry)

23. Estudia las frases que parecen ciertas y ponlas en duda. (David Riesman)

24. Mientras que yo sea esto o aquello, o tenga esto o aquello, no lo soy todo ni lo tengo todo. Hazte puro hasta que no seas ni tengas esto o aquello; entonces serás omnipresente y, no siendo ni esto ni aquello, lo serás todo. (Eckhart)

25. El hombre superior es señor del hombre inferior; el hombre inferior es instrumento del hombre superior... Veneración hacia el señor, amor al instrumento. Tal es el orden del mundo. (Lao-Tsé)

26. El sufrimiento es condición indispensable para crecer. Para que brote el trigo es preciso que perezca la simiente. Nadie se ha elevado nunca sin pasar por el fuego del sufrimiento. (Eliphas Levi)

27. Deja caminar a tu hijo por donde su estrella le llama. (Cervantes)

28. No has sido creado para la industria, para la producción, para la cuenta corriente, para el supermercado... Has sido hecho para ser hombre. Has sido creado para la luz, para la alegría, para reír y cantar, para vivir en amor y concordia. (Phil Bosman)

29. El deseo es un hoguera que arde con más fuerza cuando es alentado. Un deseo conduce a diez más y el hombre se agota tratando de satisfacer las exigencias de esa cadena de deseos. (Sai Baba)

30. Si no has visto al diablo, mira tu propio yo. (Jalal-Uddin Rumi)

31. Como una abeja que recoge miel de distintas flores, el hombre prudente acepta la esencia de las distintas escrituras y ve sólo lo bueno de todas las religiones. (Srimad Bhagavatam)

Septiembre

1. Pregunté a un niño que iba con una vela: «¿De dónde viene esa luz?». Al instante la apagó: «Dime dónde ha ido –respondió– y te diré de dónde vino». (Hasán de Basra)

2. Si discutimos y tú vences, ¿será por ello verdadero lo que tú dices y falso lo que yo digo? (Lao-Tsé)

3. Corriendo tras el placer no se alcanza otra cosa que el dolor. (Montesquieu)

4. He aquí mi secreto –dijo el zorro–, es muy simple: no se ve bien sino con el corazón. Lo esencial es invisible a los ojos. (Saint-Exupéry)

5. Nunca ha tenido nacimiento, ni tampoco está sujeto a la muerte; no habiendo sido, nunca dejará de ser. Eterno, nonato, imperecedero, sin principio ni fin, no se aniquila ni experimenta quebranto alguno cuando se destruye su envoltura mortal. (Baghavad Gita)

6. ¿En qué me beneficio si empleo mi tiempo en descubrir las faltas y las flaquezas de los demás? (Sai Baba)

7. A Lestrigones ni a Cíclopes / ni al airado Poseidón / hallarás nunca si no los llevas dentro de tu pecho, / si no es tu alma quien ante ti los pone. (Kavafis)

8. La verdadera independencia se funda en estas palabras: vivir con poco. (Cobbert)

9. La prosperidad descubre los vicios y la adversidad las virtudes. (Diderot)

10. Lo que se conoce por enseñanza del Buda no es la enseñanza del Buda. (Sutra del Diamante)

11. Si juzgas a la gente, no tienes tiempo para amarla. (Teresa de Calcuta)

12. Si se os pregunta: ¿qué es el silencio?, responded: es la primera piedra del templo de la sabiduría. (Pitágoras)

13. Si el ambicioso es un esclavo de lo que espera; el hombre libre es el que nada espera. (Edward Young)

14. Librados de pasión, temor e ira, absortos en Mí, refugiados en Mí y purificados por los fuegos del conocimiento, muchos han llegado a ser uno con mi Ser. (Baghavad Gita)

15. El único sentido de esta vida consiste en ayudar a establecer el reino de Dios. (Schopenhauer)

16. Si no quieres que te engañen, procura no engañar. (Platón)

17. Incluso después de la muerte siguen existiendo posibilidades y oportunidades para el progreso espiritual. (Abhaya Chaitanya)

18. La liberación sólo puede alcanzarse a través de la percepción de la identidad del espíritu individual con el Espíritu universal. (Lao-Tsé)

19. El mejor indicio de la sabiduría es la concordia entre las palabras y las obras. (Séneca)

20. En otras criaturas vivientes la ignorancia de sí es naturaleza; en el hombre, es vicio. (Boecio)

21. Nada era, nada será; todo es, todo tiene esencia y presente. (Hermann Hesse)

22. Vivir, sufrir, morir: tres cosas que no se enseñan en nuestras universidades y que, sin embargo, encierran toda la sabiduría necesaria al hombre. (John Baines)

23. Hay millones de facetas de la verdad, pero una sola verdad. (Hermann Hesse)

24. El deseo es la mayor impureza de la mente. (Shivananda)

25. Ahora, por las noches, cuando ella lo tocaba, él se apartaba un poco. Era una señal muy pequeña, pero la vida está hecha de pequeñas señales. Ella se daba cuenta de que ya no lo podía retener. (Hemingway)

26. Un hombre puede estar en un trono y no sentir ningún apego; otro puede vestir harapos y tener muchos apegos. (Vivekananda)

27. No conocemos a los hombres cuando vienen a vernos; tenemos que visitarlos a ellos para averiguar cómo son. (Goethe)

28. Queriendo tentar a los ciegos, soltó el Buda palabras de su boca de oro. Era un juego, pero cielo y tierra están llenos, desde entonces, de un enredo de zarzas. (Dai-O Kokushi)

29. La verdad, realmente, no fue nunca predicada por el Buda, pues cada uno debe descubrirla en sí mismo. (Suitralamkara)

30. Si no se tomara la vida como una misión, dejaría de ser vida para convertirse en un infierno. (Tolstói)

Octubre

1. ¿Cuál es la enseñanza final del budismo? No la comprenderás hasta que la poseas. (Shin-T'ou)

2. Orar no es pedir; orar es la respiración del alma. (Gandhi)

3. Los científicos no persiguen la verdad. Es ésta la que los persigue a ellos. (Karl Schlechta)

4. Tú, en cuanto a ser humano, eres lo que no es. Yo soy el que soy. Si percibes esta verdad en tu alma, jamás te engañará el enemigo; escaparás a todos sus lazos. (Santa Catalina de Siena)

5. ¿Qué estás charlando acerca de Dios? Cualquier cosa que digas es falsa. (Eckhart)

6. Mirando hacia atrás solamente recordamos los períodos difíciles, nunca los tranquilos. Estos últimos son sueño. Los primeros son lucha y, por lo tanto, vida. (Gurdjeff)

7. No son las malas hierbas las que ahogan la buena semilla, sino la negligencia del campesino. (Confucio)

8. Los rollos en blanco son las verdaderas Escrituras. (Wu Ch'éng-én)

9. Mi conciencia tiene para mí más peso que la opinión de todo el mundo. (Cicerón)

10. Quien tiene muchos vicios, tiene muchos amos. (Plutarco)

11. Nada es verdad, excepto lo que no se dice. (Jean Anouilh)

12. El hombre superior piensa siempre en la virtud; el hombre vulgar tan sólo se preocupa de la comodidad. (Lao-Tsé)

13. La muerte es un seguro de vida. (Sánchez Dragó)

14. Todo lo que esté destinado a no suceder no sucederá por más esfuerzos que se hagan. Todo lo que está destinado a suceder,

sucederá, por más esfuerzos que se hagan para impedirlo. Permaneced en silencio. (Ramana Maharshi)

15. Hay tanto un Cristo precristiano como un Cristo no cristiano, en la medida en que Cristo es un hecho de la psique existente por sí mismo. (Jung)

16. Lo que yo no puedo hacer ahora es signo de lo que haré más tarde. El sentido de la imposibilidad es el comienzo de todas las posibilidades. (Sri Aurobindo)

17. Esperar que la verdad salga del razonamiento es confundir la necesidad de pensar con la urgencia de conocer. (Hannah Arendt)

18. No esperes el Juicio Final. Éste se celebra todos los días. (Albert Camus)

19. Todo concluye, pero nada perece. (Séneca)

20. Afloja los músculos. La fuerza está en la quietud. (Eliphas Levi)

21. Todos los hombres que encuentro son superiores a mí en algún sentido. (Emerson)

22. Vida breve o vida larga no inspira cuidado a quien conoce bien la naturaleza de las cosas. (Tut-Tut)

23. No es posible tocar el pétalo de una flor sin que se estremezca una estrella. (Tagore)

24. Debemos encontrar de nuevo el respeto y la consideración que sentíamos originariamente por la dignidad del mundo natural y no sólo humano. Necesitamos, para ayudarnos a conseguirlo, una verdadera religión. (Arnold Toynbee)

25. Existe una gran diferencia entre meter las narices en los asuntos del prójimo y meter el corazón en sus problemas. (Anónimo)

26. El hombre vulgar piensa que el mundo depende de sus acciones. (Lao-Tsé)

27. Morir es salir del infierno para entrar en el cielo, recuperar la libertad perdida, alcanzar la luz del amor y del conocimiento, dejar de estar para empezar a ser. (Sánchez Dragó)

28. Descubre el ser en todos. Ésa es la verdadera base del amor a la humanidad. (Shivananda)

29. ¡Es tan sencillo ser feliz, pero es tan difícil ser sencillo! (Raj Ananda)

30. Cualquier técnica se convierte en una enfermedad por mucho que valga. Aprende el principio, obra de acuerdo con él y disuelve el principio. (Bruce Lee)

31. El orden no tiene causa, y por lo tanto, es eterno, pero el desorden tiene causa y lo que tiene una causa puede terminar. (Krishnamurti)

Noviembre

1. Morir es pasar del portal al interior de la casa. (Padre Llanos)

2. Quien enseña a un hombre a morir, le enseña a vivir. (Montaigne)

3. ¿Dices que nada se crea? / Alfarero, a tus cacharros. / Haz tu copa y no te importe / si no puedes hacer barro. (Antonio Machado)

4. Áridas y estériles especulaciones pueden abrir los pliegues de

la vestidura de la Verdad, pero no pueden descubrir su amable rostro. (John Smith)

5. Cuando alguien es incapaz de reírse de sí mismo ha llegado el momento de que otros se ríen de él. (Thomas Szasza)

6. Las cosas blandas siempre penetran en las cosas duras. (Proverbio chino)

7. Cuando estés frente a la muerte, no luches. Abandónate, déjate ir. El impulso que te arrastrará es cósmico. ¿Acaso alguien sabe lo que hará en la tierra cuando llegue a ella? ¿Por qué no ha de suceder lo mismo después de la muerte? (Shri Anirván)

8. Buscar significa tener un objetivo. Encontrar, sin embargo, significa estar libre, abierto, no necesitar ningún fin. (Hermann Hesse)

9. Cuando Dios cierra una puerta, abre una ventana. (Anónimo)

10. Aniquila tus deseos y conocerás de inmediato la paz más absoluta. (Shivananda)

11. Lo más importante en este mundo no es saber dónde estamos, sino hacia dónde vamos. (Goethe)

12. Preserva cuidadosamente tu energía vital. Duerme solo. (Shivananda)

13. Una vida inútil equivale a una muerte prematura. (Goethe)

14. La única manera de persuadir es decir la verdad. (Ana Diosdado)

15. Ayuda a tus semejantes a levantar su carga, pero no a llevarla. (Pitágoras)

16. El mayor destructor de la paz es el aborto, porque si una madre puede matar a su propio hijo, ¿qué razón podemos esgrimir para que yo no te mate a ti o tú no me mates a mí? (Madre Teresa de Calcuta)

17. El corazón tiene razones que la razón no conoce. (Pascal)

18. Tal como un hombre piensa, así percibe. No intentes, por lo tanto, cambiar el mundo; opta por cambiar tu manera de pensar el mundo. (Anónimo)

19. Si no se peca contra la razón, no se descubre nada. (Einstein)

20. Haz sin apego el trabajo que tienes que hacer, pues el hombre que hace su trabajo sin apego alcanza en verdad la meta suprema. (Baghavad Gita)

21. En la escala de lo cósmico, sólo lo fantástico tiene posibilidades de ser verdadero. (Teilhard de Chardin)

22. Aprende a permanecer en silencio. Los sentidos y la mente te dicen que la experiencia mundana es real, pero el discernimiento te dice que esa experiencia es ilusoria. (Shivananda)

23. No hay situaciones desesperadas; sólo hay hombres que se desesperan en determinadas situaciones. (Archivo tibetano)

24. Todo lo que la imaginación puede imaginar y el entendimiento recibir y entender en esta vida no es ni puede ser medio próximo para la unión con Dios. (San Juan de la Cruz)

25. Aprender consiste en añadir día a día algo a lo que uno posee. La práctica del Tao consiste en sustraer día a día, sustraer y volver a sustraer hasta que se ha alcanzado la inactividad. (Lao-Tsé)

26. ¿No sabéis que sois templos de Dios y que el espíritu divino mora en vosotros? (1 Corintios, 6, 19)

27. Nunca des explicaciones. Tus amigos no las necesitan y tus enemigos no las creerán. (Anónimo)

28. Quien posee la virtud mantiene lo acordado, quien no posee la virtud se entrega a reclamaciones. (Lao-Tsé)

29. La senda espiritual es como el afilado borde de una cuchilla de afeitar. Para recorrerla es imprescindible un guía. (Shivananda)

30. Nadie te ha dado nada por nada si nadie te ha dado el corazón, porque sólo el corazón se da por nada. (Antonio Porchia)

Diciembre

1. Existe en el fondo de las células –además de su mortal memoria genética– una mente solar e inmortal, capaz de abrir el camino a otro ser después del hombre. (Satprem)

2. Todos los sistemas –el zen, el hinduismo, el cristianismo– son pamplinas. Quien se somete a un sistema, a un método, a un *mantram,* es incapaz de ver lo verdadero. (Krishnamurti)

3. La vejez nos arrebata lo que hemos heredado y nos da lo que hemos merecido. (Gerald Brenan)

4. El sabio disfruta de lo que tiene. El necio quiere más. (Lao-Tsé)

5. Sé tu propio gurú, tu propio maestro. Hay una lámpara dentro de ti. Enciéndela y prosigue sin temor. (Sai Baba)

6. Una espada que se afila sin cesar no conservará por mucho tiempo su filo. Retirarse una vez realizada la obra: he ahí el *tao* del cielo. (Lao-Tsé)

7. Todos los vicios del mundo moderno son distintas modificaciones del deseo. (Shivananda)

8. Solamente pueden unirnos los buenos sentimientos; el interés nunca ha formado amistades estables. (Cicerón)

9. Donde empieza el Estado termina el hombre. (Nietzsche)

10. La linterna de la experiencia sólo alumbra al que la lleva. (Proverbio chino)

11. En el momento de morir sólo te llevas lo que has dado. (Luciana Prennushi)

12. No debes buscar una doctrina perfecta, sino tu propia perfección. La divinidad está en ti, no en los conceptos ni en los libros. (Hermann Hesse)

13. Ama y haz lo que quieras. Si callas, callarás con amor; si corriges, corregirás con amor; si perdonas, perdonarás con amor. (San Agustín)

14. Lo blando vence a lo duro, lo débil vence a lo fuerte. Todo el mundo conoce esta verdad, pero nadie la practica. (Lao-Tsé)

15. Envié mi alma a la región de lo invisible con un mensaje y volvió con la siguiente respuesta: yo soy mi propio cielo y mi propio infierno. (Omar Khayyam)

16. Cuando me llegue la hora moriré, pero moriré como debe morir un hombre que no hace más que devolver lo que se le confió. (Epicteto)

17. Importa mucho más lo que tú piensas de ti mismo que lo que los otros piensan de ti. (Séneca)

18. La vida real comienza cuando estamos solos, cara a cara con nuestro ser desconocido. (Henry Miller)

19. El que se levanta de la oración con los mejores sentimientos ya ha obtenido una respuesta a sus súplicas. (George Meredith)

20. El silencio es, después de la palabra, el segundo poder del mundo. (La Cordaire)

21. El Estado llama ley a su propia violencia y crimen a la del individuo. (Stirner)

22. El secreto de la vida consiste en aceptarla simplemente, tal cual es. (San Juan de la Cruz)

23. Es importante que el hombre sueñe, pero también lo es que sepa reírse de sus sueños. (Lin Yutang)

24. Invocado o no, Dios se manifiesta. (Tertuliano)

25. Brinda, poeta, un canto de frontera / a la muerte, al silencio y al olvido. (Antonio Machado)

26 El mundo es irreal. / Sólo Dios es real, / y Dios es el mundo. (Shankara)

27. Los que quieren reformar el mundo olvidan que es muy difícil retocar con acierto un cuadro antiguo. (Théophile Gautier)

28. ¡Deténte! ¡Comprende lo que eres! ¡Comprende lo que haces! (Krishnamurti)

29. El que habla, no sabe; el que sabe, no habla. (Lao-Tsé)

30. El siglo XXI será religioso o no será. (Malraux)

31. Cuando tengas que elegir entre dos caminos, pregúntate cuál de ellos tiene corazón. Quien elige el camino del corazón no se equivoca nunca. (Popol-Vuh)

APÉNDICES

I. Ley del arco

La promulgó mi amigo André Malby poco después de regalar un arco a su único hijo, Mathurin, que acababa de cumplir doce años.

Consta de diez puntos. Son éstos:

1. El Arco, la Flecha, la Diana y el Arquero son una sola y misma cosa.

2. Tirar con arco es establecer un puente entre las cosas.

3. La Conciencia en el arte del arco se llama Trayectoria.

4. No se puede tirar una flecha contra una vida, porque la Flecha misma es Vida.

5. La Diana es siempre el retrato del Arquero.

6. La Flecha es la Conciencia del Arquero.

7. El Arco es el Arquero.

8. El Maestro Arquero es Arco, es Flecha, es Diana, es Trayectoria.

9. El Maestro Arquero no necesita ni usa jamás Arco, Flecha o Diana, porque él es todo eso y, siéndolo, es el Universo.

10. El Maestro Arquero es maestro antes que arquero.

Gracias, André.

II. Decálogo del viajero

Es de mi cosecha, y dice así:

1. Intenta siempre el salto a lo desconocido, aunque caigas de cabeza y te desnuques.

2. El viaje es un fin y no un medio. Muévete sin meta.

3. No viajes nunca desde algo ni hacia algo, sino a través de algo.

4. No viajes en línea recta. Sigue el esquema sin sistema del laberinto.

5. Procura seguir en tu viaje un camino de perfección.

6. Viaja a solas o, en el peor de los casos, si así lo exige tu ley, llévate como compañero de viaje a una persona del otro sexo (o del mismo, si eres homosexual).

7. ¡Ultreya! (lo que significa, como saben o deberían saber los peregrinos jacobeos, más allá).

8. Recuerda que la vida y la muerte son viajes, y actúa en consecuencia.

9. El viaje es el arte del encuentro y, en última instancia, del encuentro consigo mismo.

10. No le digas tu canción sino a quien contigo va.

III. El camino del guerrero

Se trata del código de conducta elaborado en su día por un samurai anónimo. Me lo envió otro buen amigo: Ramiro Calle. Figuran en él veintiún mandamientos...

1. Carezco de padres: la tierra y el cielo serán mis padres.
2. Carezco de hogar: la conciencia será mi hogar.
3. Carezco de vida y de muerte: el ritmo de la respiración será mi vida y mi muerte.
4. Carezco de fuerza divina: la honradez será mi fuerza divina.
5. Carezco de riqueza: la comprensión será mi riqueza.
6. Carezco de secretos mágicos: el carácter será mi secreto mágico.
7. Carezco de cuerpo: la resistencia será mi cuerpo.
8. Carezco de ojos: el destello del rayo será mi ojo.
9. Carezco de oídos: la sensibilidad será mi oído.
10. Carezco de miembros: la presteza será mi miembro.
11. Carezco de estrategia: la lucidez –lo no oscurecido por el pensamiento– será mi estrategia.
12. Carezco de proyectos: coger la ocasión al vuelo será mi proyecto.

13. Carezco de milagros: la acción correcta será mi milagro.

14. Carezco de principios: la capacidad de adaptación a cualquier circunstancia será mi principio.

15. Carezco de táctica: la vacuidad y la plenitud serán mi táctica.

16. Carezco de talento: la agudeza será mi talento.

17. Carezco de amigos: mi espíritu será mi amigo.

18. Carezco de enemigos: el descuido será mi enemigo.

19. Carezco de armadura: la benevolencia y la virtud serán mi armadura.

20. Carezco de castillo: el espirítu inmutable será mi castillo.

21. Carezco de espada: la ausencia de interés propio será mi espada.

Y yo, Ramiro, carezco de la elocuencia necesaria para agradecerte este código.

IV. Decálogo del escritor

Es de Hemingway, y tiene miga. Cuatro de sus mandamientos –el tercero, el quinto, el octavo y el noveno– sirven también para quienes no son escritores ni desean llegar a serlo. La literatura no es necesaria; la estética, sí. Sabemos, desde Platón, que Verdad y Belleza son una sola y misma cosa...

1. Permanece enamorado.
2. Esfuérzate en escribir.
3. Mézclate estrechamente con la vida.
4. Frecuenta el trato de los escritores consagrados.
5. No pierdas tiempo.
6. Lee sin tregua.
7. Escucha la música y mira la pintura.
8. No intentes explicarte.
9. Sigue siempre el impulso de tu corazón.
10. Calla: la palabra mata el instinto creador.

V. *If*

Kipling se las apañó para colgar un manifiesto de filosofía perenne y de sabiduría oriental en las cabeceras de las camas de los hijos de sus compatriotas. El If, que desde Inglaterra saltó al resto del mundo, se inspira en la Baghavad Gita y en otros textos del hinduismo. Más que poema, es plegaria. Escuchémosla y repitámosla religiosamente. No cabe mejor broche para cerrar un libro como el que aquí termina...

Si conserváis la calma mientras todos
la cabeza perdieron y os censuran;
si en vosotros creéis sin ofenderos
de que os pongan los otros bajo duda.

Si al mendaz toleráis sin ser mendaces;
si esperáis sin fatiga ni cansancio;
si no pagáis el odio con el odio
sin por ello adoptar aires magnánimos.

Si pensáis y soñáis sin rendiros a los sueños
ni convertir el pensamiento en meta;

si sabéis afrontar fracaso y triunfo
tratando de igual forma a esos dos impostores.

Si soportáis que la verdad que hablasteis
la truequen en embuste gentes necias;
si las cosas que hicisteis veis caídas
y las habéis de alzar sin herramientas.

Si cuanto con trabajo conseguisteis
a un solo golpe lo arriesgáis de suerte
y si sabéis, perdiendo, vuestra vida
hacer que en el principio recomience.

Si vuestro corazón y vuestras fibras
servir hacéis, aun cuando estén deshechos,
y si sabéis luchar faltando todo
salvo la voluntad, que dice: «Quiero».

Si frecuentando al vulgo os guardáis sabios
y si sensatos al tratar a reyes;
si a todos apreciáis y poco a todos,
y nadie, amigo o no, dañaros puede.

Si a sesenta segundos de distancia
el minuto alejáis de odio y reproche,
vuestra es la tierra con cuanto contiene
y, lo que es más, oh, hijos, seréis hombres.

ÍNDICE DE MANDAMIENTOS

1. Para empezar, y por si acaso, ríete de todo, porque *nada importa nada*.

2. Sonríe siempre, incluso cuando hables por teléfono. La sonrisa se nota en la voz.

3. No creas en nada, no creas a nadie. Verifica personalmente lo que se te dice.

4. Nunca te plantees problemas antes de que los problemas se planteen.

5. Vive de día.

6. Duerme más de cinco horas y menos de ocho, pero no pongas nunca el despertador.

7. No fumes tabaco.

8. No permitas que fumen tabaco cerca de ti.

9. Bebe vino.

10. Da a tu prójimo más de lo que espera y no esperes tú absolutamente nada a cambio.

11. Telefonea todos los días a tu madre.

12. Recuerda que el mejor amigo de un hombre es su padre.

13. Desconfía de tus hijos, pero procura que ellos confíen en ti.

14. No juzgues a las personas por sus parientes.

15. No digas nunca *te amo* sin que sea verdad.

16. No ames apasionadamente. La pasión, sea cual sea su objeto, es una enfermedad grave.

17. No confundas el sexo con el amor.

18. No confundas el amor con el sexo.

19. No confundas la fidelidad con el amor.

20. No confundas el matrimonio con el amor. Si lo haces te quedarás sin matrimonio y sin amor.

21. El coito es para la mujer más importante que para el varón. Actúe cada cual en consecuencia.

22. No seas homosexual ni heterosexual. Sé pansexual.

23. No seas varón ni mujer. Sé andrógino.

24. No tengas celos. Recuerda que nadie pertenece a nadie.

25. Añora, reivindica y practica la libertad de costumbres.

26. Y, sin embargo, recuerda que tu libertad termina donde empieza la libertad del prójimo.

27. Sé desconfiado y astuto, no bajes la guardia, no te creas el cuento democrático de que la libertad de impresión es libertad de expresión.

28. No escuches nunca lo que dicen de ti ni, si te enteras, te inquietes por ello.

29. Hay siempre más cosas bajo la bóveda de los cielos de las que percibe tu filosofía.

30. Aprovecha el impulso del enemigo.

31. Apaga y lee.

32. Sé un emboscado. Actúa desde la sombra. Procura pasar inadvertido.

33. No seas tolerante. Sé respetuoso.

34. Sé guerrero.

35. No te encastilles en posiciones conquistadas. Abandónalas y conquista otras que también abandonarás. El mundo es tuyo.

36. Ten siempre a tu disposición un ámbito estrictamente personal al que nadie tenga acceso sin tu permiso.

37. La verdad es un país sin caminos. Créalos tú, pero no los dejes abiertos.

38. Cada fracaso es una senda que se abre, un telón que se levanta, una oportunidad que se te brinda.

39. Las crisis son etapas necesarias e inevitables en el proceso de la existencia. Aprovéchalas para crecer, no para lo contrario.

40. Haz lo que quieras.

41. Rompe rutinas.

42. Y, sin embargo, lleva una vida ordenada.

43. Desconfía, en principio, de quienes piden en el restaurante un filete con patatas fritas.

44. No seas idiota, no utilices tu coche dentro de las ciudades.

45. No tengas teléfono móvil.

46. No llames a teléfonos móviles.

47. No leas la prensa, no escuches la radio, no mires la televisión.

48. Reivindica, como lo hacen los gnomos de Hokkaido, el derecho de no saber, de no recibir información, de interrumpir las comunicaciones, de apagar el sistema.

49. No suministres información. Se volverá contra ti.

50. No hables con periodistas. O, si lo haces, miente para que sólo falsifiquen tu mentira, no tu verdad.

51. Todos los presidentes de Estados Unidos, de Roosevelt en adelante, y quienes siguen sus órdenes o les ríen las gracias, son, han sido o serán criminales de guerra.

52. No creas que la enseñanza universal, obligatoria y gratuita es un paso hacia adelante.

53. No abortes.

54. Y sin embargo, recuerda –lo dice la Baghavad Gita– que lo que existe no puede dejar de existir ni lo que no existe puede llegar a existir.

55. No dones órganos ni permitas que te los trasplanten.

56. Muere en tu casa rodeado por los tuyos o a la intemperie y con las botas puestas.

57. No ahorres por ahorrar, aunque sí para alcanzar un objetivo concreto.

58. Haz las cosas por ellas mismas, no por sus frutos.

59. Jamás te olvides de que el dinero lo destruye todo.

60. No te enriquezcas.

61. No juegues a la Bolsa.

62. Saca el dinero del banco y escóndelo en un lugar seguro.

63. No consumas.

64. Aborrece el lujo.

65. Desprecia la comodidad.

66. Sé humilde.

67. No oposites a nada. No seas funcionario. No te eches ese dogal al cuello.

68. Recuerda que la vida es un puente y que nadie en su sano juicio construye nada sobre los puentes.

69. Transgrede, rompe tabúes, adéntrate en lo desconocido.

70. Ingiere sustancias enteogénicas (que no, como dice el vulgo, alucinógenas) por lo menos una vez al año. Y si son dos o más, mejor.

71. Desconfía de quienes te dicen que ellos no necesitan enteógenos.

72. *Turn on, tune in, drop out.*

73. No tengas miedo. No hay nada que temer.

74. Haz lo que temes y el temor desaparecerá.

75. Arriesga siempre. Morir no importa.

76. La muerte es el momento más importante de la vida. Piensa a menudo en eso. Imagínala. Reconcíliate con ella. Deséala. Llévala siempre por compañera.

77. Y, sin embargo, no tengas prisa en morirte.

78. Recuerda, por cierto, que el suicidio es una de las modalidades del aborto.

79. Prohíbe las pompas fúnebres alrededor de tu féretro.

80. No aceptes medallas ni honores ni homenajes.

81. Recuerda que después de la muerte sólo conservarás de la vida todo aquello que no se puede perder en un naufragio.

82. Ve a solas por la vida, como lo hizo don Quijote y como lo hacen los gatos, pero no te aísles, como lo hizo Robinson.

83. Marginado, pero no desarraigado.

84. Vigila el sueño de los niños mientras duermen.

85. No te burles de los sueños ajenos...

86. No conviertas tus sueños en objetivos.

87. No pierdas una amistad a causa de una disputa.

88. Si dices «lo siento», mira a los ojos de la persona que te escucha.

89. No seas rencoroso. No admitas la falacia de que vengarse es dulce. El perdón honra a quien lo da y a quien lo recibe.

90. El perdón debería ir seguido por un gesto de reparación, pero eso ya no es asunto de quien perdona, sino del perdonado.

91. Di siempre «¡Jesús!», aunque no seas cristiano, cuando alguien estornude.

92. Échate por lo menos un enemigo al día, pero haz las paces con todos antes de morir.

93. Sostén todas las noches durante unos segundos tu mirada en el espejo.

94. No compitas.

95. Nunca te levantes de una mesa de negociaciones sin haber llegado a un acuerdo.

96. Ten el coraje de ser un esquirol. No aceptes consignas. No te ampares en el número, que es la ley de la jungla y el arma de los borregos. Rompe las huelgas.

97. Recuerda que la luz nunca nace de la discusión y dile sólo tu cantar a quien contigo va.

98. Si juegas, no hagas trampas.

99. No mientas.

100. La regla anterior admite dos excepciones: se puede y se debe mentir por misericordia bien entendida, se debe y se puede mentir en defensa de tu libertad, tu autonomía, tu soberanía, tu intimidad y tu identidad.

101. Concéntrate en el *ser* y en el *hacer*. Olvídate del *tener*.

102. No creas que la pobreza y la riqueza son siempre, aunque a veces lo sean, fruto de la injusticia.

103. ¿Solidario? No. ¿Caritativo, compasivo, misericordioso? Sí.

104. Ayuda económicamente al prójimo, si ése es tu deseo, pero hazlo directamente, no a través de intermediarios.

105. Da limosna, pero no la eches en el cepillo de las iglesias.

106. Confía en los misioneros católicos, y, en consecuencia, no titubees a la hora de depositar tu dádiva en las huchas del Domund.

107. Recuerda que todos los organismos internacionales son patios de Monipodio y puertos de arrebatacapas.

108. Recuerda que todas las ONG, mientras no se demuestre lo contrario, son cuevas de Alí Babá.

109. Deja en paz al Tercer Mundo. Allí se vive mejor que aquí. No lo corrompas, no lo occidentalices, no contribuyas a su desarrollo (dicho sea entre comillas).

110. No tengas remordimientos. No te culpabilices. No peches con la responsabilidad de la desdicha ajena.

111. Tampoco descargues sobre los hombros ajenos la responsabilidad de tu desdicha.

112. No te escondas para llorar, pero no llores para conseguir algo. Es infantil y es inmoral.

113. Sé desobediente, pero no irresponsable.

114. Sal a la calle. Míralo todo, devóralo, digiérelo, mézclate con la gente.

115. Habla poco.

116. Escucha mucho y hazlo, preferiblemente, desde el burladero, sin implicarte en la conversación.

117. La música de las esferas y la banda sonora de tu interior es el silencio.

118. No escuches música rockera ni vayas a sus conciertos.

119. Aprende de memoria tus poemas favoritos.

120. No alteres el curso de la naturaleza.

121. Recuerda que el hombre es, fundamentalmente, eso: naturaleza. No caigas en la trampa de creer que somos hijos de la historia.

122. Sé misterioso.

123. Descálzate antes de entrar en tu casa o en las casas que visitas.

124. Si en tu habitación entra un mosquito, échalo o vete tú.

125. Evoluciona, pero no revoluciones.

126. ¿Derechos humanos? ¡Deberes humanos!

127. No reivindiques tus derechos civiles. Son pamplinas y complicaciones. Se vive mejor sin ellos.

128. No votes. Sé anarcoindividualista.

129. No milites en nada.

130. Ten ideas, pero no ideología.

131. No pertenezcas a partidos ni a iglesias ni a sindicatos ni a grupos de más de dos personas.

132. No seas de derechas, de izquierdas, ni de centro.

133. Recuerda que el Estado es el peor de los monstruos nacidos del sueño de la razón.

134. No respetes la ley, respeta sólo tu ley.

135. No seas igualitarista. Nadie es igual a nadie. Todos somos individuos.

136. No trates a todo el mundo de tú. Acata la jerarquía.

137. Busca aliados.

138. No busques acólitos ni prosélitos, pero abre tu casa a los discípulos, si los tienes.

139. Desconfía de los sacerdotes, cualquiera que sea la religión que prediquen.

140. Cristos y budas, pero no iglesias.

141. Desconfía de los políticos.

142. Procura que no te quiten el sol.

143. Automedícate con prudencia, da un amplio margen de confianza a los homeópatas y naturistas, y acude sólo a la medicina alopática y quirúrgica en casos extremos.

144. Sé activo, muévete, trabaja, camina, sube, desciende, copula, pero ten cuidado con el deporte.

145. Aprender a respirar equivale a aprender a nacer (el primer vagido) y a expirar (el último suspiro).

146. Aprende (y acostúmbrate) a respirar abdominalmente en ocho tiempos.

147. No comas carne o cómela, como máximo, una vez a la semana.

148. No tomes alimentos transgénicos. Lo que con ellos se nos viene encima es el fin de la especie.

149. No tomes, en la medida de lo posible, antibióticos ni corticoides, o tómalos sólo en situaciones extremas.

150. No recurras a técnicas de fertilización artificial.

151. Desconfía de los científicos.

152. Medita.

153. Reza.

154. Ayuna.

155. ¿Ordenadores? ¡Bah!

156. No sientas admiración por la tecnología.

157. Recuerda que la fe, la electrónica, el fútbol, los automóviles, los himnos y las banderas son cosas de niños.

158. Procura estar siempre a la altura de tu edad, pero no envejezcas.

159. Haz las cosas a mano.

160. Viaja, pero no por la red.

161. Recuerda que lo virtual es lo contrario de lo real y que, en consecuencia, la realidad virtual es un absurdo, un imposible, una ilusión.

162. Recuerda que el turismo es el rostro actual de la barbarie.

163. No seas nacionalista.

164. No seas mundialista.

165. Sé regionalista o, mejor aún, pueblerino.

166. Sé, simultáneamente, castizo e ilustrado, paleto y cosmopolita.

167. *Hic et nunt,* aquí y ahora, *carpe diem.*

168. Reivindica el derecho a contradecirte.

169. Reivindica el derecho a irte.

170. Vive cada minuto como si fuese el último de tu existencia.

171. ¿Transformar la sociedad? Quita, quita... Transformar, en todo caso, al individuo. Empieza por ti.

172. Recuerda, además, que lo que no hagas *ahora* no lo harás *nunca*.

173. Cuando no sepas qué hacer, sé como un niño.

174. Recuerda que las novelas y el cine no suelen ser cosas de adultos, aunque haya excepciones.

175. Diga lo que diga el diccionario, no basta con ser *hombre* para ser *persona*.

176. Construye tu alma.

177. Recuerda que en la rosa de los vientos de la vida existe el norte. La conciencia será tu brújula.

178. Recuerda por enésima vez que tu carácter es tu destino.

179. Recuerda por ello, y por todo, una vez más, el primer mandamiento osiríaco, eleusino, socrático y délfico: *nosce te ipsum*.

180. Recuerda el segundo y último mandamiento délfico: *nada en exceso*.

181. Y, por último, no te fíes de mí. No sigas al pie de la letra estos consejos. Selecciónalos, acomódalos y, sobre todo, verifícalos.

Todos estos mandamientos se encierran en uno:

LLEGA A SER EL QUE ERES.